CINCO CONTRA **UM**

BETO SILVA

CINCO CONTRA **UM**

OBJETIVA

Marilda foi para Brasília

Eu lembro bem do dia em que a merda toda começou. Foi no dia do elástico. O elástico, se você não sabe, é um drible de época, de difícil execução, um que o Rivelino inventou. Pois naquela quarta-feira de clima ameno eu consegui dar um elástico perfeito no marcador adversário e ainda arrematei a jogada com um chute no ângulo, e com a canhota, que não é a boa, marcando o gol que definiria a quarta partida da tradicional pelada semanal da minha galera no Clube dos Macacos. Meu gol foi tão bonito que chegou a ser aplaudido por dois ou três dos jogadores. Foi comentado até mesmo por alguns adolescentes que assistiam ao jogo, esperando a hora da pelada deles, que nunca tinham ouvido falar daquele drible pré-pedalada, nem tinham a menor ideia de quem era esse tal de Rivelino. Eu nunca mais me esqueci daquela jogada sensacional, não apenas por sua bela tessitura, mas principalmente porque foi nesse mesmo dia que a minha mulher me deu a notícia de sua mudança para Brasília e a merda toda começou.

Cheguei em casa, ainda com um sorriso nos lábios, sonhando acordado com a minha jogada incrível, e nem ouvi direito o que Marilda falou. O cérebro estava concentrado demais, lembrando cada detalhe da jogada, o abraço dos amigos me parabenizando, a cara do zagueiro que levou o drible, a frase do Neco, companheirão de pelada, amigo de infância, tricolor como eu, 40 e poucos anos, como eu:

— Caraca, Moacir, um elástico perfeito! Igual ao do Rivelino no Alcir! Flu e Vasco, 1975! Igualzinho! Genial!

Ele percebeu! O Neco sabia! O Neco é que era genial!

— Recebi uma proposta para ir para Brasília. — Marilda insistia nisso e eu não captava o significado daquela informação. Ela continuou falando, explicando o que ia fazer em Brasília, por que tinha decidido ir, mas eu a deixei falando na sala, enquanto ia para o quarto tirar a roupa suada da pelada e escolher um short e uma camiseta para vestir depois do banho. Ainda ouvi a voz de Marilda falando alguma coisa sobre Brasília quando entrei no banheiro, meus pensamentos girando em torno do tema: lavar ou não o pé que executou tão brilhante jogada? Conspurcar o verdadeiro autor de tal espetáculo limpando-o com água e sabão? Depois de muito pensar, concluí que as chuteiras e os meiões é que não deveriam ser lavados e parti definitivamente para o chuveiro.

Na saída do banheiro, dei de cara com Marilda.

— Você não ouviu o que eu falei, né?

— Alguma coisa sobre Brasília...

— Você não ouviu nada, né? Falei uma coisa muito importante, mas você não prestou atenção. Vocês homens quando jogam bola parece que emburrecem. É um saco!

— Calma, Marilda, o que você falou de tão importante?

— Nada! Nada! Não falei nada que fosse mais importante do que a sua pelada! — Marilda, irritada, foi para a cozinha, eu a segui.

— Ô Marildinha, desculpa, é que eu fiz um gol maravilhoso hoje, você precisava ver. Dei um elástico, aquele do Riva e...

Marilda não queria saber. Irada, saiu da cozinha, como se fugisse de mim. Eu a segui mais uma vez, mas ela entrou no banheiro e fechou a porta. Tentei ainda argumentar em frente à porta trancada.

— Qual é o problema de ir a Brasília, meu amor? Você não quer ir de ônibus? Tudo bem, a gente paga uma passagem de avião.

Ela não abriu a porta e eu desisti de argumentar. Fui para o quarto e deitei-me na cama. Liguei a TV, mas mal prestei atenção à programação. Lembrei então que no final daquela tarde Marilda ligou para o meu trabalho, pediu para que eu voltasse logo para casa, que ela precisava conversar algo importante, e eu argumentei que não dava, que era quarta-feira, dia de pelada. Ela então fez um discurso, que, se tivesse um título, poderia ser "A pelada é mais importante que a sua mulher?". Pensei em responder que isso dependia das condições do campo e da qualidade dos jogadores, mas graças a Deus ela desligou o telefone na minha cara, antes que eu respondesse.

De banho tomado, Marilda saiu do banheiro, parecia mais calma.

— O senhor agora pode ouvir o que eu tenho a lhe dizer?

— Eu não sei o que vocês mulheres têm contra o futebol. É incrível, vocês dizem que entendem, mas toda quarta-feira você torce pra chover. Será que é tão ruim pra vocês verem a gente feliz? Qual é o problema de um monte de homens se reunirem pra jogar futebol e tomar cerveja?

— Eu não quero falar sobre o seu futebol, ou sobre o golaço que você fez ou deixou de fazer, ou sobre as conversas imbecis que vocês travaram entre uma jogada idiota e outra. Eu quero falar de algo mais importante.

Eu não sabia até aquele momento o que poderia ser mais importante do que um golaço que definia um jogo, mas logo descobri.

— Recebi uma proposta para trabalhar em Brasília.

— Trabalhar em Brasília? Como assim?

— É, é isso. Fui chamada pra trabalhar em Brasília. É um cargo importante e... você sabe como eu lutei pro Lula chegar ao poder, e aí o Técio cavou essa chance pra mim, é uma oportunidade de ir trabalhar junto ao governo e...

— O Técio te chamou?

— É, o Técio. — Marilda continuou: — Você sabe como o Técio trabalhou pra eleger o Lula, como ele doou o seu tempo, os seus braços e o seu cérebro para a campanha... Então, ele foi chamado pra trabalhar em Brasília na diretoria de um ministério. E me chamou pra ser assessora dele.

O Técio era um chato! Metido em política desde que nasceu, era nosso amigo, quer dizer, era amigo da Marilda, mas a gente de vez em quando saía junto os quatro: eu, a Marilda, o Técio e a ex-mulher dele, a Mônica, uma pseudointelectual de esquerda ainda mais chata do que ele. Depois que ele se separou da mulher, a gente não saiu mais, graças a Deus! Eu sempre o achei meio limitado, mas Marilda julgava o cara inteligente. Para mim, ele era um político nato, um cara que sabia puxar o saco certo no momento certo. E nada como uma eleição para esses tipos se darem bem.

— Pra mim é superimportante ir — Marilda continuou a sua explicação. — Você sabe há quanto tempo eu estou nessa batalha, anos de oposição, anos de luta contra esses neoliberais, e agora a gente ganhou! A perspectiva de ir pra Brasília e ajudar a construir algo novo, ajudar a mudar esse país, alterar o jogo do poder, fazer com que esse povo sofrido finalmente...

— Tá, Marilda — interrompi o discurso. — Mas você vai morar em Brasília? Você vai ter que se mudar pra lá?

— É... quer dizer, a princípio eu não mudaria, passaria apenas a semana lá...

— Mas Brasília é longe pra caramba! Pô, Marilda, tudo bem que a vitória do Lula foi bacana, que agora o país pode mudar, eu sei disso tudo, mas... não dá pra você mudar o Brasil mais perto de casa?

— Não! — Marilda irritou-se. — Não dá pra ser mais perto! — ela subiu o tom de voz. — Não se faça de desentendido! Você sabe muito bem que o centro do poder está em Brasília. O convite é pra trabalhar lá, é superprestigioso, eu não posso negar!

— Mas você vai passar a semana toda lá? Você sabe que eu não posso ir com você, não posso abandonar o trabalho. Eu vou ter que continuar aqui...

— Eu sei... por isso eu estava tão ansiosa pra falar contigo. Bom, a ideia inicial não é me mudar, eu ficaria lá de segunda a sexta, e no final de semana eu voltaria... eu vou tentar deixar a casa funcionando, a Vandete controla as coisas, ela já tem tudo esquematizado...

Vandete era a empregada, estava com a gente havia nove anos.

— Mas você não é nada sem a Vandete, você não repete sempre isso? Como é que você vai se virar em Brasília sem a Vandete?

— Moacir, para de ironizar! O assunto é sério! Pra mim é fundamental...

Marilda voltou a falar sobre a luta, a batalha, o operariado, a vitória do Lula e todos esses jargões que ela conhecia tão bem. Não aguentei, coloquei as mãos provocativamente nos ouvidos e falei:

— Ai, meu Deus, não acredito, lá vem discurso!

Pra quê? Ela ficou ainda mais irada, e todo o seu lado líder operária aflorou de vez, todo o seu ódio contra as elites concentrou-se em um único alvo: eu.

— É discurso sim! Eu tenho que fazer discurso, porque você não entende, não captou a importância do momento histórico. Você nunca me enganou! Pra você tanto faz, se o governo é de esquerda ou de direita, pra você tanto faz, desde que deixem você viver em paz. Você é um escroto de um individualista que só pensa em si!

— Calma, Marilda, você sabe que eu sempre votei no Lula...

— Só pra me agradar, pra não brigar comigo, porque pra você tanto faz como tanto fez. Você só fica puto quando mexem na sua poupança. No fundo, no fundo, você não passa de um burguês neoliberal!

Neoliberal! Aquele era o pior xingamento que Marilda podia fazer. Ela odiava os neoliberais, eram os seus inimigos mais ferrenhos. Chamar-me de neoliberal definia um marco, um limite, o fim de qualquer possibilidade de diálogo. Significava que Marilda havia chegado ao ápice de sua fúria. Pela sua lógica, mulheres de esquerda não dialogavam com maridos neoliberais. Eu percebi a situação e resolvi, a partir dali, ouvir calado o seu discurso inflamado. Depois de um tempo, ela percebeu que eu havia parado de interrompê-la com comentários irônicos, que eu desistira de me contrapor aos seus argumentos, e o discurso foi arrefecendo, foi perdendo a força, acalmando, até que ela se calou e ficou olhando para mim.

— Bom, parece que já tá tudo resolvido, certo? — perguntei.

— É.

— Eu não tenho muita chance de contra-argumentar, certo?

— É.

— Você não quer discutir essa questão, certo?

— Não, a decisão está tomada. Segunda-feira é meu primeiro dia de trabalho.

— E nossa filha? — perguntei.

— Ela fica aqui com você.

— Eu fico cuidando dela?

— A Anita já tem 14 anos, é uma menina tranquila, já não dá tanto trabalho, você sabe. E é só durante a semana, nos finais de semana eu vou estar aqui. Eu já conversei com ela, expliquei tudo, ela ficou até orgulhosa, entendeu a importância do trabalho que a mãe vai fazer...

Ficamos em silêncio por alguns instantes.

— Bom, a situação é essa. Tudo bem? — Marilda perguntou.

Permaneci calado por mais uns dois ou três minutos. Ela também esperou por minha resposta final em silêncio. Então, respirei fundo e dei a minha opinião:

— Tá.

Foi o que eu falei. Um simples "tá" encerrou o assunto por minha parte. Deixei toda a minha irritação inicial de lado e troquei por um simples "tá". Não sabia como discutir, não tinha nenhum argumento ideológico para me contrapor a ela, e, mesmo que tivesse, ela não parecia disposta a me dar alguma chance de usá-lo.

Eu não consegui dizer outra coisa a não ser o "tá".

Então, ela também disse "tá" e encerramos o assunto.

Eu fui ver televisão. Não tinha entendido ainda o que ia acontecer, a ficha ainda não tinha caído. Para falar a verdade a única coisa que eu me lembro de ter pensado naquele momento, a única ideia que passou pela minha idiota cabecinha foi que, sem a Marilda em casa de segunda a sexta, eu poderia finalmente conseguir o que há um tempão queria: jogar uma segunda pelada semanal, sem ninguém para encher o meu saco. Quem sabe na segunda-feira?

* * *

Não lembro muito bem como transcorreram aqueles dias antes da ida de Marilda para Brasília. Devo ter passado uma quinta e sexta-feira normais, trabalhando e ruminando a ideia de ficar sozinho cuidando de Anita, enquanto Marilda transformava o país e o nosso casamento.

Do fim de semana lembro apenas de Marilda às voltas com suas malas; não sabia o que levar, o que deixar, se levava tudo o que precisava de uma vez ou se levava apenas uma mala de mão para a sua primeira semana de trabalho.

Até que chegou o domingo, o dia de sua ida para Brasília. Desde a manhã Marilda estava tensa, sem saber como fazer o tempo passar até a hora de ir para o aeroporto. Checou e rechecou mais de mil vezes as malas, repassou comigo a lista de recomendações para cuidar da casa, de Anita e até de mim mesmo! O voo era às seis, mas às duas Marilda já estava na porta do elevador gritando que estávamos atrasados. Marilda deve ter sido a primeira passageira de seu voo a fazer o check-in. Então, sentamos num banco e me lembro de olhar para o relógio e constatar que ainda faltavam mais de duas horas para o embarque.

— Nossa, como eu estou nervosa! — dizia ela a todo instante.

— Novo emprego, nova cidade, ai meu Deus!

— Calma Marilda — tentei confortá-la —, o máximo que pode acontecer é não dar certo, aí você volta.

— É claro que vai dar certo! O Lula ganhou, é a vitória do socialismo, o Brasil vai mudar! É claro que vai dar certo!

— Não, Marilda, é claro que o governo Lula vai dar certo — tentei explicar —, eu estou falando da sua experiência em Brasília...

— Desculpa, Moa, é que eu estou nervosa. Emprego novo, cidade nova...

Marilda emocionada começou a chorar, contagiando Anita, que também caiu no chororô. Eu também tentei chorar, mas não consegui.

— Calma Anita, é só uma semana, sábado sua mãe está de volta.

— Eu sei — as duas responderam em uníssono.

Então Marilda largou Anita, limpou as lágrimas, virou-se para mim e começou a desfilar novamente a série de cuidados que eu deveria tomar, cuidados com a nossa filha, cuidados com a casa, com a cozinheira, com as plantas, com o porteiro, com o carro, com o caralho a quatro!

Eu fiquei escutando, tentando disfarçar a minha impaciência, será que ela pensava que eu era um imbecil? Que eu não sabia me cuidar sozinho? Será que ela achava que eu não seria capaz de cuidar da minha filha? É claro que eu ia me sair bem, eu faria da mesma maneira que ela fazia: usaria a Vandete, a empregada, que continuaria a tomar conta da casa, como sempre.

Então, depois de desfiar a sua infindável lista, Marilda virou-se de novo para Anita e, como se tivesse um interruptor, recomeçou imediatamente a chorar.

Fiquei olhando as duas molhadas de lágrimas pensando com os meus botões: Por que ela estava chorando tanto? Quem deveria estar chorando era eu, que ia ficar sozinho com os problemas da casa no Rio, enquanto ela ia resolver os problemas do Brasil. Era eu que nem podia argumentar contra essa decisão de Marilda de ir morar longe, sob pena de ser acusado de neoliberal assassino. Pois eu é que devia estar abraçado a Anita chorando, clamando para Marilda não ir.

Mas Marilda não tinha tantas lágrimas para a filha ou recomendações para o marido para suprir todo aquele tempo de espera. Depois de uma hora, o silêncio e o tédio se abateram sobre a família. Eu resolvi ir até a banca comprar jornal e revistas. Voltei e encontrei as duas abraçadas. Anita se interessou pela revista e ficou lendo, enquanto eu e Marilda folheamos o jornal fingindo que o tempo passava. Até que as notícias acabaram e a espera continuou. Anita continuava lendo a revista, pelo jeito muito mais interessante que o jornal, enquanto eu e Marilda ficamos olhando para o nada. Um tédio mais ou menos parecido com o que levávamos nos últimos tempos. Então, finalmente aquela voz de aeroporto chamou Marilda para o embarque. Marilda pegou apressada a sua bagagem de mão e começou a chorar de novo. Deu um abraço apertado e demorado em Anita e depois um abraço nem tão apertado em mim, e um beijo na boca, bem rápido, mas o bastante para sentir o gosto salgado das lágrimas em seus lábios.

E ela foi.

E eu e Anita ficamos.

Tu ainda tá nessa de fidelidade?

Anita esquentou o jantar para mim no primeiro dia da primeira semana de Marilda em Brasília. Foi bom jantar com minha filha, conversamos uns cinco minutos até não ter mais assunto e acabamos de comer em silêncio, mas foi bom. Havia muito tempo não ficava sozinho com Anita. Depois do jantar, ela trancou-se em seu quarto, como toda adolescente, e eu fiquei pensando no que fazer. Ver TV? Ler um livro? Então o telefone tocou, era Marilda, disse que estava tudo bem, que estava num hotel, que gastaria a primeira semana procurando um apartamento e se inteirando do trabalho. Gostei de falar com ela, fiquei até com saudades. Marilda falou também com Anita, conversaram por uns vinte minutos, não sei onde arranjaram tanto assunto. Depois de desligar o telefone, Anita voltou a se trancar no quarto e eu voltei ao dilema, o que fazer? Ver novela? Ver um documentário sobre animais? Ler um livro? Surfar na internet? Ver um DVD? Fazer a assinatura do canal de sexo na TV a cabo?

Esta era a minha maior dúvida. Será que agora, sem a Marilda em casa, eu podia comprar uma assinatura do Sexy Hot, o canal de sexo 24 horas? Toda a galera solteira ou descasada da pelada vivia falando desse tal canal pornô. Contavam com a maior naturalidade que viam putaria toda noite e eu ficava curioso. Sem Marilda em casa, eu podia assinar só na TV do meu quarto, ninguém ia saber, Anita vivia mesmo trancada em seu quarto. Mas e se Anita resolvesse sair de seu refúgio, falar comigo por algum motivo qualquer e entrasse no meu quarto de repente, sem me avisar? E se ela descobrisse o canal de sacanagem na minha TV? Será que seria possível desabilitar o canal de sacanagem só nos finais de semana para Marilda não descobrir? Concluí que era mais seguro alugar uns filminhos de sacanagem para ver quando Anita saísse, mas canal de sacanagem 24 horas era demais.

* * *

Na terça-feira o Neco me ligou. Me convidou para dar uma corrida na praia.

— Correr? Não, correr é chato, eu só gosto de correr atrás da bola.

— Vamos, cara, tu precisa fazer mais exercício, tá fora de forma.

— E o golaço que eu fiz na quarta-feira passada? O elástico?

— Foi um golaço. Mas também foi só. Tu não fez mais nada, ficou o tempo todo na banheira pedindo bola.

Resolvi aceitar o convite, mesmo achando injusta a sua crítica. Encontrei-o no calçadão de Copacabana, em frente à Constante Ramos.

— E aí, vamos correr quanto? Três mil? — O Neco corria sempre, estava em forma, era o melhor da pelada, o único que corria o tempo todo.

— Tá maluco? Se eu correr 3 mil, eu caio duro. Eu não sou que nem você que não faz nada e tem tempo pra correr. E tenho que trabalhar, cara!

Neco era músico, quer dizer, isso era o que ele dizia que fazia quando lhe perguntavam. Na verdade, a profissão do Neco era técnico especializado em esperar herança, ou doutor em finanças paternas, ou filho de pai rico, ou vagabundo, à escolha. O pai montou um pequeno estúdio de gravação para ele, que contratou um cara para gerenciar o negócio. Neco ficava o dia inteiro de bobeira. De vez em quando o gerente do estúdio ligava para ele, que muito contrariado falava sobre negócios. Na verdade, Neco continuava recebendo uma mesada do pai e gastava o seu tempo, pouco dele por sinal, com a sua banda, que começou como banda de rock, virou banda de forró, depois flertou com o funk, e aí virou de rock de novo. Dependia da moda. Tocava alguns fins de semana em algumas boates, mais pelo agito, pelas menininhas que conseguia.

O Neco corria todo dia na praia, uns 5 ou 6 quilômetros. Naquele dia, como uma concessão a um barrigudo fora de forma, ele propôs corrermos apenas 3 quilômetros, mas finalmente consentiu em correr apenas 2 mil metros, a passo de cágado.

— Eu odeio correr, Neco. Só topei correr contigo porque eu tava precisando conversar com alguém.

— O que tá pegando, Moa?

— A Marilda, ela foi trabalhar em Brasília.

— Vai morar lá?

— Vai trabalhar lá, só vem aqui nos fins de semana.

— Legal! — Neco animou-se.

— Como legal? É uma merda!

— Ah, eu achei que tu queria armar umas paradas enquanto ela tava fora.

— Que armar, Neco!

— Desculpa, tu ainda tá nessa de fidelidade! Essa porra só dá espinhas na cara!

— Eu ainda estou nessa de fidelidade sim. E eu não quero aprontar nada. E quem te disse essa bobagem de espinhas? Espinha é coisa de adolescente!

— Espinha é coisa de punheteiro.

— E o que tem isso a ver com fidelidade?

— Ah, Moa, sem essa! Todo mundo sabe que neguinho casado há séculos como você é mais fiel à mão do que à esposa.

— Não enche o saco, Neco! Vê se eu tenho alguma espinha na cara!

— Ah, tá bom, fidelidade não dá espinha, eu inventei... mas que é uma babaquice, é. Mas diz aí, o que tá te preocupando tanto?

— A Marilda tá indo trabalhar em Brasília pro governo. Vai ficar lá de segunda a sexta, só volta pra cá nos finais de semana.

— Caraca! E você tá achando isso bom ou ruim?

A pergunta me pegou de surpresa. Hoje eu admito que era uma ótima pergunta, mas na época lembro que fiquei irritado e respondi rispidamente:

— É claro que é ruim! Ela é minha mulher, a gente é casado, é ruim viver longe assim um do outro.

— Ahnn, tá! — Neco fingiu que compreendeu a minha explicação.

Continuamos correndo e logo o assunto mudou, não dava para conversar muito seriamente com o Neco. Não me recordo do final da corrida, apenas da pergunta, que nunca saiu de minha cabeça principalmente porque a resposta certa naquele momento era sim. Eu estava achando bom ficar sozinho alguns dias no Rio de Janeiro sim! Mas por mais inacreditável que isso seja para muitas pessoas, alugar um filminho de sexo era o máximo de liberdade que eu queria. Eu podia aceitar a sugestão do Neco, sair por aí para a esbórnia. Muitos homens cairiam na putaria, iriam logo a uma termas, se cercariam de putas. Mas puta nunca foi o meu forte. Frequentei pouquíssimas em minha vida. Não era o meu caso. Tinha problemas ideológicos com isso. Sério!

Eu não tinha muito jeito para tentar pegar umas mulherzinhas na night. Eu até gostaria, não vou negar, mas ganhar mulher nunca foi o meu forte, eu acabava sempre levando um fora constrangedor. Não sou um cara autoconfiante, não me acho um cara muito bonito, e eu tenho certeza de que todos concordam comigo nesse aspecto. Não gosto muito de ficar falando sobre o meu aspecto físico. Para que ficar espalhando por aí que sou gordinho e branquela? Que a minha altura não é uma característica marcante? Pelo menos, não sou careca, mas o meu cabelo não chega a ser motivo de orgulho. Também não me ufano de ter três graus de miopia, o que me obriga a usar óculos o tempo todo. Bom, a verdade é que sempre que sou apresentado a alguém, tenho a mesma sensação. Na hora em que digo que trabalho com informática, que sou sócio de uma empresa que produz softwares, a pessoa me examina mais detidamente e eu sinto pelo olhar e pela pausa sutil que todo mundo pensa a mesma coisa:

— Arrá! Ele é um nerd! Um perfeito nerd! É a cara do Bill Gates!

E, mesmo sem ouvir isso de meus interlocutores, eu fico tentado a responder:

— Eu sei muito bem o que você está pensando e vou logo respondendo: Nerd é a puta que o pariu! Bill Gates é o caralho!

Quer dizer, isso é o que eu gostaria de dizer, mas como sou muito tímido, e essa é uma outra faceta de minha personalidade, então fico apenas rindo, com a minha tradicional cara de babaca. Tá bom, eu posso até ser um nerd, já que eu pareço mesmo com um e manjo muito de informática, mas e daí? Tá legal, eu até lembro um pouco o Bill Gates, mas não gosto dele, não sou um fã do Windows e principalmente: não sou milionário! E afinal, o que as pessoas têm contra os nerds? E o que as gatas e as mulheres maravilhosas têm contra os nerds? Nada, se eles forem milionários. O que não é o meu caso.

Então, assim que saí do trabalho na terça-feira, passei na locadora para alugar um DVD pornô. Entrei na loja e fui direto para a seção de filmes adultos. O que eles querem dizer com isso, que só adultos podiam pensar em tanta besteira? Que os outros filmes da locadora não eram para adultos? Lembrei-me, então, de que aquela era a locadora da família, Marilda pegava filmes ali, Anita também a frequentava. Tudo bem, a Marilda estava em Brasília, não alugaria um filme ali tão cedo, mas e a Anita? Já pensou se minha filha vai pegar um filme e descobre as minhas últimas locações? Comecei a imaginar um diálogo entre Anita e o funcionário da locadora.

— São trinta reais — dizia o funcionário virtual.

— Como assim trinta reais? Eu só tô alugando um filme.

— Mas a senhorita está com mais dois filmes em casa, e eu estou cobrando a multa.

— Ah, esses filmes devem ser do meu pai. Quais são?

— *Penetrações anais* e *Pela porta dos fundos das gostosas tesudas.*

Parei de imaginar coisas antes que começasse a analisar a minha queda por filmes de sexo anal. Peguei uma comédia romântica, que vi naquela noite.

* * *

Sou sócio de uma empresa de softwares chamada Info-Estoque. Esse é o meu trabalho. Anos antes, assim que eu saí da faculdade, bolei um software de gestão de estoques que era realmente muito bom, e cujo custo era baixo, ou seja, era ótimo para pequenas e médias empresas. Então tive uma segunda boa ideia que foi a de me associar com alguém que entendesse de administração e vendas e, melhor, que tivesse uma grana para fazer o negócio começar. Procurei, procurei, procurei e, quando já estava desistindo, o Neco, sempre ele, me apresentou a um amigo que estava interessado. Esse cara foi o Orlando, um mauricinho completamente diferente de mim. Nossas diferenças se davam em todas as áreas: cultural, estética, ideológica, até física. Mas eu não estava procurando alguém para conversar ou ser meu amigo, e no quesito que interessava ele tinha o que eu queria: capital e disposição para investir no meu software. E além de dinheiro o Orlando tinha jeito para vendas. Sabe esses caras que mentem sem nenhuma vergonha, que te convencem de qualquer coisa? Enfim, o cara era um vendedor! Ele venderia geladeira para um esquimó e ainda o convenceria de que isso não era um clichê! Então nós viramos sócios e a nossa empresa foi um sucesso. Pelo menos no início. Tanto que o investimento do Orlando se pagou em um ano e a empresa cresceu. Foram dois anos de crescimento acelerado, a sociedade ia tão bem que chegamos até a pensar em virar amigos. Mas depois de alguns anos a realidade resolveu virar sócia de nossa empresa. Foram inúmeros os fatores que frearam o nosso crescimento. Novos concorrentes, crises brasileiras, alguns investimentos errados... A empresa quase faliu, chegou a um patamar de faturamento de onde não saiu por vários anos. Orlando me cobrava novas ideias, dizia que nossos softwares eram antigos, que eu tinha obrigação de inventar algo novo, que a empresa precisava respirar, ter sempre novos lançamentos, enfim, colocava em mim a culpa por nosso desempenho cada vez mais negativo.

Pois é, essa era a situação da minha empresa na época em que minha mulher resolveu ir para Brasília. As coisas não andavam muito quentes na Info-Estoque, uma maneira amena de dizer que quase não havia o que fazer por lá. Devo ter batido o recorde mundial de paciência, e não estou falando da capacidade de suportar dificuldades, estou falando do joguinho de computador, a paciência clássica, e também a paciência spider e outro joguinho, o campo minado.

A quarta-feira da primeira semana da ida de minha mulher para Brasília estava se mostrando particularmente difícil em meu escritório. Não era a falta de trabalho que me incomodava, nem as perspectivas de um futuro sombrio para a minha empresa, mas as nuvens que se juntavam no céu. Às duas da tarde, olhei pela janela e vi uma chuvinha leve cair. A pelada da noite parecia que ia dançar e aquilo me angustiava.

Lá pelas quatro da tarde, o telefone tocou. Era Marilda.

— Resolvi ligar cedo, achei que você ia jogar bola e eu não ia conseguir falar contigo de noite. Olha, eu tenho uma boa notícia! Boa não, ótima! Já consegui um apartamento por aqui. Nossa, foi muita sorte! O Técio é que conseguiu pra mim, é no prédio dele. É de uma funcionária do Ministério da Saúde que tá voltando pra São Paulo. Eu vou poder entrar lá já na segunda-feira. E ela já vai deixar o apartamento montado, me vendeu as coisas todas, fogão, geladeira, cama... É bom conseguir logo o apê que economiza dinheiro...

— Você se muda na segunda-feira?

— É, na segunda. Legal demais, né? — Marilda estava empolgada, aliás aquela foi uma fase empolgante na vida de Marilda.

— Muito bom — fingi estar empolgado também.

— A moça, a tal funcionária, tem que voltar correndo pra São Paulo, sei lá por quê, e achou ótimo eu ficar com o apê e as coisas dela. Foi muita sorte!

— Muita sorte.

— E você, tá tudo bem?

— Tudo bem, tudo bem. A Anita tá legal também, a gente tem jantado juntos...

— Que bom, Moa! Que bom que vocês estão bem. Eu tô com saudades de você e da Anita! Muitas saudades mesmo, pode acreditar!

Gostei daquilo, parecia sincero. Marilda sem dúvida estava feliz, as coisas estavam indo bem em sua vida profissional, o que me deixava até com vergonha de sentir raiva por sua decisão de ir para Brasília à minha revelia.

— Eu também estou com saudades — assenti.

— Hoje é quarta. Você vai à pelada?

— Acho que não, Marilda. Tá chovendo, tá com cara que não vai ter.

— Que chato!

Não consegui perceber o quanto de sarcasmo havia em sua resposta. Fiquei quieto e ela logo se despediu:

— Beijão! Manda um beijo pra Anita.

— Beijo — desliguei.

Lá fora a chuva aumentou bastante, acabando com as minhas últimas esperanças de jogar bola. Porra, primeira semana sem a Marilda e, em vez de duas peladas, eu fiquei sem nenhuma. Que merda! Fiquei olhando para as nuvens carregadas, a chuva caindo forte, imaginei o campo encharcado, pensei na cara de decepção de meus amigos peladeiros e então a imagem de Marilda me veio à cabeça. Em meus pensamentos ela ria, ria muito, gargalhava, chegava a mostrar as gengivas, e dizia:

— Que chato! Que chato! Que chato!

* * *

Naquela mesma semana, não lembro se na quinta ou na sexta, enquanto esperava o final do expediente, Orlando entrou em minha sala.

— Tá difícil a paciência? De três em três cartas é mais difícil!

— Que paciência? — fechei rápido o joguinho no computador. — Estou checando os meus e-mails.

Eu não devia nada a Orlando, era seu sócio, não seu empregado. Eu podia dispor do meu tempo como quisesse, ele nada tinha a ver com isso, mas não é legal ser pego jogando paciência, dá uma sensação ruim, como se eu não tivesse mais nada para fazer. Pensei que o Orlando ia lançar a sua conversa de sempre, que já que não havia projetos, que eu bolasse novos produtos, como se isso fosse fácil. Mas ele não falou sobre isso.

— A Marilda foi mesmo pra Brasília? — Orlando aparentemente esqueceu o joguinho.

— Foi.

— E como é que tá a casa sem ela?

— Tá tranquilo. Tem até um lado legal, eu consegui jantar com a minha filha, não fazia isso há séculos!

— Que bom! As crianças crescem e a gente nem percebe...

— É...

— E a Marilda, já deu notícias?

— Já, tá tudo bem.

— Que bom.

Estranhei aquele assunto pessoal, há anos Orlando não queria saber nada sobre a minha vida pessoal, só falávamos de trabalho.

— Qual é o problema, Orlando? Por que você quer saber da viagem da minha mulher?

— Tá bom, eu vou dizer. Moacir, a situação da empresa tá uma merda, você sabe.

— É, sei.

— Então eu estava pensando... a Marilda agora está trabalhando no governo e...

— E? — Fingi que não estava entendendo.

— Ora, Moacir, a sua mulher está lá em Brasília, e é lá que está o poder. Lá onde ela está, até as mesas e as cadeiras têm poder, porra! Não passa nada por sua cabeça?

— Não! Não passa nada!

— Nada?

— Eu não vou usar a posição da Marilda para conseguir nada para a nossa empresa, se é isso que você está insinuando!

— Por quê? — Orlando gritou.

— Porque isso não é ético! Não dá Orlando, o país mudou, essas coisas não existem mais!

— É claro que existem! — ele insistiu. — Governo é tudo igual. Esse é igualzinho ao outro. A única diferença é que a sua mulher faz parte dele!

— É claro que não! Tudo é diferente nesse governo! — gritei, tentando encerrar a discussão, mas só consegui fazer Orlando voltar a me aporrinhar com seus argumentos mais rotineiros:

— Então, já que você não vai sujar as mãos, pelo menos podia pensar em um novo produto, algo pra gente vender pras empresas privadas, porra! Em vez de ficar jogando paciência!

— Eu não estava jogando paciência, estava checando os meus e-mails. Eu vou embora!

Peguei as minhas coisas e saí do escritório, meia hora antes do final do expediente.

Cheguei em casa e encontrei Anita falando no telefone com uma amiga. Tomei um banho, troquei de roupa, passei os olhos pela correspondência e voltei à sala. Anita continuava falando no telefone com a amiga. Só após meia hora o assunto com a amiga acabou ou então foi algum programa importante na TV que começou e Anita finalmente desligou o aparelho. Passou voando por mim em direção ao seu quarto, sem dizer nem "oi". Fui atrás, bati na porta, abri.

— Oi, filha, tudo bem?

— Hum-hum.

— Como foi seu dia, legal?

— Hum-hum.

— Nossa, seu estoque de palavras deve ter acabado. Você usou tudo no telefone?

— Não enche, pai.

— Desculpa, mas não dá pra falar um pouco com seu pai?

— Oi, pai, tudo bem. Meu dia foi legal. Agora, tchau, deixa eu ver meu programa.

— Você não vai jantar comigo?

— Não, pai, tô sem fome, comi um sanduba.

— Tá.

Novamente um simples "tá" encerrou uma conversa importante em minha família. Importante porque marcou o retorno à realidade na relação com minha filha adolescente. Por três dias Anita esquentou o jantar a sentou-se à mesa comigo para comer, e, então, um dia ela simplesmente decretou que estava bom, que a cota de sacrifício dela para o pai tinha acabado. Depois daquela conversa esclarecedora em seu quarto nunca mais jantamos juntos. Suas falas se resumiam a:

— Oi.

— Vou sair, pai.

— Já jantei.

— Boa noite.

— Hum-hum.

— Legal.

— Não enche, pai!

E minhas respostas eram:

— Oi.

— Não volta tarde.

— Tá.

— Tá.

— Tá.

— Tá.

Esquentei o meu jantar no micro-ondas e comi assistindo ao *Jornal Nacional*. O jornal acabou, o meu jantar também e aí eu fiquei pensando no que fazer. Assisti à programação da TV até uma da manhã, lutando contra o sono. Então, levantei fui até o quarto de Anita, vi que ela já ressonava, voltei em silêncio para o meu quarto, tranquei a porta e peguei o DVD que havia alugado numa visita furtiva a um videoclube fuleiro que havia perto do escritório. Coloquei o filme no aparelho de DVD. Trancar a porta era uma precaução. Ajustei o som da TV bem baixinho, os gemidos das atrizes pornôs podiam me denunciar. Meio nervoso, com medo de ser pego por minha filha mesmo com todas as medidas de segurança tomadas, apertei o play.

Um belíssimo trabalho no Governo

Marilda voltou de sua primeira semana de trabalho em Brasília na sexta-feira à noite. Estava feliz e cansada. Assim que entrou em casa, pulou nos braços de Anita e a abraçou e beijou por quase cinco minutos. Depois veio em minha direção e me deu um beijo na boca. Não foi o beijo de um casal morto de saudades ou um beijo de final de filme romântico americano, também não foi apenas uma bitoca. Digamos que foi um cumprimento adequado a um casal que ficou cinco dias sem se ver.

Marilda foi para o quarto e se jogou na cama.

— Estou morta!

Ainda saímos para jantar naquela noite. Apesar de lembrar-me o tempo todo de seu cansaço, Marilda animou-se ao contar suas aventuras na capital federal. Não parava de falar, exultante. Explicou excitada como o seu novo trabalho era estimulante e importante! Quando o garçom chegou com os nossos pedidos, pegou Marilda explicando como o Lula ia fazer para transformar o país e propondo um brinde. Brindamos e eu tratei de comer, enquanto Marilda esqueceu o prato a sua frente.

— Come um pouco, Marilda, vai esfriar — consegui lhe pedir, numa pequena brecha em seu discurso.

Marilda ouviu o meu conselho e deu umas três ou quatro garfadas, mas logo voltou a falar, agora mudando de assunto; resolveu contar das dificuldades de trabalhar e procurar um lugar para morar ao mesmo tempo. Aproveitando mais uma micropausa de Marilda, consegui comentar:

— Não foi tão difícil assim, Marilda! Você achou um apê em 48 horas! Isso deve ser algum recorde!

Ela fingiu que não ouviu e continuou a desfiar suas aventuras imobiliárias. Não contestei, tratei de ouvir calado. Então, no momento em que o garçom servia o cafezinho, ela parou de falar, parecia ter se lembrado de alguma coisa.

— E você? — ela perguntou.

— Eu, o quê?

— Você, como foi sua semana?

— Legal.

— Legal? — ela insistiu.

— É, normal. Tudo bem.

— Ahhh — foi o comentário dela.

Marilda sentiu-se à vontade para retomar o relato de suas peripécias pela capital do país, e assim o fez sem parar no caminho de volta para casa. Mas, quando chegamos em casa, foi como se tivesse acabado a pilha. Ela disse "boa noite" e partiu direto para o quarto. Encontrei-a deitada na cama, vestindo uma camisola velha, quase dormindo. Tirei a roupa e tratei de deitar-me a seu lado. Abracei-a pelas costas.

— Que foi, Moa?

— Eu tô com saudades...

— Ah, Moa, eu tô cansada. Amanhã...

— Amanhã?

— É...

Eu comecei a dar uns beijinhos em seu cangote, acariciar levemente seus peitos, mas ela não se mexia.

— Moa, por favor, eu estou mesmo cansada. Amanhã...

Eu não entendi. Em meus parcos conhecimentos de relacionamentos homem-mulher eu achava que, depois de uma semana longe um do outro, um casal devia sentir saudades e ter vontade de fazer sexo. Mas, pelo jeito, sexo não constava dos planos de Marilda. Deixamos mesmo para o dia seguinte. Nosso relacionamento não era como o novo governo, que não podia deixar as coisas para amanhã.

O sábado transcorreu tranquilo, dentro do que havia sido definido como padrão de normalidade até aquele momento. Passamos a manhã sentados na sala lendo jornais e livros, resolvemos pedir comida em casa, o que fizemos, ligando para o restaurante velho de guerra da esquina. Anita não nos acompanhou no almoço, tinha ido à praia com as amigas. Comemos quase em silêncio, assistindo à televisão, fazendo um ou outro comentário sobre as notícias. Depois do almoço Marilda foi ao salão de beleza, e eu fiquei vendo TV, ou surfando na internet ou algo trivial que não me recordo mais. À noite, eu e Marilda fomos ao cinema, vimos um filme americano que nem me lembro qual foi, depois comemos uma pizza e bebemos uns chopes, um programa típico de sábado à noite. Fingíamos que nossa vida continuava do mesmo jeito, a única diferença era que Marilda trabalhava mais longe. Então fomos para casa. Eu cheguei, coloquei a roupa de dormir e deitei-me na cama, lendo um livro enquanto esperava Marilda voltar do banheiro. Ela saiu do banheiro com a mesma camisola da véspera, deitou-se na cama e virou-se para o lado.

— Boa noite, Moa.

— Boa noite?

— É, tô com sono...

— Ô Marildinha...

— O quê?

— Pô, eu tô com saudade... uma semana...

Parece que só então ela se lembrou que ainda faltava fazer a sua última tarefa de esposa: dar para o seu marido depois de uma semana fora de casa. Ela se virou para mim e nós nos beijamos. Eu comecei a acariciá-la, e o clima começou a amornar, quente não chegou a ficar, mas foi o bastante para que o sexo acontecesse naquela cama. Não foi um sexo animal, de um casal morto de saudades, mas, pelo menos teoricamente, foi completo. Preliminares, coito, posição papai e mamãe, gozo masculino demarcando o fim do intercurso sexual. Ela não

28

gozou, nem fingiu que o fez. Um crítico de sexo teria definido aquela transa como burocrática, morna e rápida, principalmente rápida. Algo que a etiqueta matrimonial exigia, após a ausência de um dos cônjuges por uma semana. Se durou três minutos foi muito, mas serviu como cala-boca, olha só, nós ainda fazemos sexo, tá? Ainda somos um casal bacana.

No domingo fomos à praia, encontramos alguns amigos, tomamos alguns chopes e almoçamos fora. Tudo dentro da mais previsível normalidade.

Marilda se mandou naquela noite, de volta para Brasília, sem despedidas grandiosas; afinal de contas, aquilo tinha que virar rotina, de segunda a sexta ela ficava em Brasília, era assim, e ponto final.

O segundo fim de semana foi muito parecido com o primeiro, com a única diferença de que não rolou sexo dessa vez. A sexta-feira pareceu uma cópia pirata da semana anterior. Todas as desculpas foram parecidas, ela disse que estava cansada, que precisava dormir, prometeu para o dia seguinte, e eu nem tentei tanto assim mudar essa situação. Encenei um carinho, dei beijinho, mas sem muita convicção, sabia que não rolaria.

O problema do sábado foi que nós encontramos uns amigos na pizzaria depois do cinema, e o papo rolou até tarde. Papo sobre política, os amigos estavam animadíssimos com o governo Lula e curiosíssimos sobre os bastidores de Brasília. Marilda adorou, foi o centro das atenções, e só parou de falar dos intestinos do poder para beber. Foram tantos os chopes que o intestino de Marilda não aguentou a onda e ela passou mal. Vomitou em frente à portaria do nosso prédio. Depois, caiu dura na cama e dormiu de roupa até o meio-dia de domingo, numa tremenda ressaca.

Enjoada, Marilda mal conseguiu almoçar. Eu sugeri que ela voltasse para Brasília na segunda-feira, mas ela insistiu em ir no domingo mesmo. Não era uma simples ressaca que a tiraria da luta por um

Brasil melhor. Como eu não queria ser chamado de reacionário, desisti de convencê-la a ficar no Rio até o dia seguinte. Deixei Marilda no aeroporto. Lá se foi ela de novo.

A verdade é que a minha vida, com Marilda em Brasília, não mudou tanto assim. Fora a liberdade de bater uma peladinha sem que minha mulher enchesse o saco, a chance de poder ver uns filminhos adultos de vez em quando e o fato de dormir sozinho numa cama de casal por alguns dias na semana. De resto, tudo transcorria tão normalmente, que nos fins de semana, quando enfim nos víamos cara a cara, o nosso comportamento era o de um casal que passou a semana inteira juntos. Não havia grandes expectativas em sua vinda, ela chegava do aeroporto na sexta-feira como se estivesse chegando em casa ao final de um dia extenso de trabalho. Cansada, dormia. No sábado ela fazia os seus afazeres, eu, os meus, enquanto Anita sumia de vista. À noite, quando não ficávamos vendo TV, o máximo que rolava era um cineminha ou uma pizza. Sexo não aconteceu mais. As desculpas variaram: cansaço, menstruação, dor de cabeça, bebedeira, enjoo, sono... Até que um dia Marilda mandou simplesmente um não tô a fim e eu simplesmente aceitei.

Durante aquele período só houve uma conversa que fugiu de alguma maneira dos assuntos triviais de sempre. E que acabou tendo um desfecho complicado. No meio de um dos telefonemas que trocávamos durante a semana, Marilda comentou rapidamente que o Técio talvez conseguisse um trabalho para a Info-Estoque.

— Como é que é?

— Um contrato pra vocês, uma empresa que é vinculada ao nosso ministério...

— Quem pediu? — interrompi.

— Ora, quem pediu, ninguém pediu, é que...

— Vai me dizer que o Orlando ligou pra você! — Marilda percebeu que o tom de minha voz mudava a cada sílaba.

— Ele não ligou pra mim, ligou pro Técio, que atendeu em deferência a você.

— Porra, o Orlando ligou! Eu falei que não ia pedir nada a você... — O nervosismo se instalou por inteiro, comecei a gritar: — Porra, o meu sócio teve o descaramento de ligar para a minha mulher pelas minhas costas para pedir favores.

Marilda tentou me tranquilizar:

— Calma, não foi comigo que o Orlando falou. Foi com o Técio...

— Com você ou com o Técio, tanto faz! Eu disse pra ele mais de mil vezes que não existe mais esse negócio de apadrinhamento nesse governo...

— É claro que não existe! — Agora foi Marilda que ficou nervosa. — Não é apadrinhamento! Calhou do Orlando ligar justamente quando o Técio estava procurando uma empresa para prestar um serviço que a Info-Estoque faz. Foi sorte!

— Eu não quero!

— Mas, Moa...

— Eu não quero, eu sou contra, terminantemente contra! Agradece aí ao Técio, mas manda ele rasgar esse contrato. É uma questão de ética!

— Você está insinuando que o nosso governo não tem ética? — Marilda ficou furiosa, e por mais de 15 minutos tentei acalmá-la, garantindo mais de mil vezes que eu não estava achando que ela ou o Técio ou todo o governo Lula tinham práticas antiéticas.

A briga com Orlando no dia seguinte foi inevitável. Quando cheguei à empresa, encontrei meu sócio ainda mais irritado comigo do que eu com ele.

— Como é que você atrapalha mais um negócio, porra! Eu armei tudo direito, liguei pro tal do Técio, falei em seu nome, expliquei tudo, o cara foi supersimpático, a sua mulher tá podendo às pampas por lá, tanto que o cara nem titubeou, foi logo negociando um contrato, tudo beleza, a salvação da empresa, e você liga pra mulherzinha e mela a porra toda em nome da ética.

— É claro que melei! Nós não podemos conseguir um contrato com o governo só porque a minha mulher está lá.

— É claro que podemos. Podemos e devemos!

— Eu sou contra! O país mudou, esse tipo de coisa não cabe mais. Firma minha não faz contrato por apadrinhamento!

— E como que faz? Como é que faz?

— Por competência!

— Competência desses seus softwares de merda?

— É isso mesmo! Nós temos que vencer pela competência.

— A única competência que você mostrou nos últimos tempos foi para nos levar à falência.

A discussão prosseguiu com os dois berrando nossos argumentos ao mesmo tempo. Nem eu o ouvia, nem ele a mim. Começamos então a disputar um campeonato para descobrir quem berrava mais alto e quem xingava mais. E isso aconteceu bem em frente aos funcionários, que se aproximaram para assistir. Se bobear, já tinha gente vendendo ingresso pelo prédio. Então, em um determinado momento, os dois desistimos da discussão ao mesmo tempo, nem sei bem por quê. Acho que concluímos que aquilo estava ficando ridículo ou que só se resolveria no braço e avaliamos que não valia a pena. Fui para a minha sala, onde fiquei bufando e falando sozinho por muito tempo. Imagino que Orlando fez o mesmo em sua sala. Ficamos mais de um mês sem olhar pra cara um do outro, sem nem falar "bom dia".

* * *

Quando Marilda já devia estar há uns três ou quatro meses em Brasília, aconteceu de não conseguirmos nos comunicar por dois ou três dias. Tentei ligar na segunda-feira, mas não a encontrei, o telefone do trabalho estava sempre ocupado e o celular fora de área. O mesmo se repetiu na terça-feira. Não me preocupei muito, afinal, para que nos falarmos todos os dias se não havia novidades? Mas, mesmo assim, liguei para sua casa à noite, mas Marilda não atendeu. Deixei recado na secretária, mas ela não retornou. Na quarta-feira, durante o dia, ela também não ligou. Então, quando cheguei de minha pelada, nem me lembro se joguei bem ou mal, eu liguei para a casa dela. Ela atendeu. Desculpou-se, disse que não ligou, assoberbada de trabalho, passou os dias em reuniões, andava chegando tarde em casa, extenuada, e dormia direto. O papo seguiu com Marilda fazendo as perguntas de praxe:

— Está fazendo as compras da casa direitinho?

— O tempo no Rio está bom?

— Como está Anita?

— Você foi à reunião de pais na escola?

— Anita está comendo direito?

Então, veio a surpresa:

— Moa, foi bom mesmo você ligar, porque eu precisava te falar uma coisa. Vou ficar em Brasília no fim de semana.

A questão era tão fora do script normal que me assustei:

— Você não vem pro Rio?

— Moa, até hoje não consegui arrumar o apartamento, tá do jeito que a antiga dona deixou! Uma bagunça! Eu preciso ficar aqui pelo menos um fim de semana pra arrumar.

Fiquei sem saber o que dizer. Então dei a resposta que já estava virando tradição:

— Tá.

O telefonema não me bateu bem. Dois dias sem ligar, nem responder as minhas ligações, e depois, quando eu ligo, ela avisa que não vem no fim de semana. E só lembrou de avisar no finzinho da conversa, como se fosse algo corriqueiro! Pela primeira vez passou pela minha cabeça que podia haver algum problema em nosso casamento.

Mas logo tratei de tirar esses pensamentos da cabeça, a vida era assim, muito trabalho, muita reunião. Marilda devia estar mesmo cansada, começo de governo, muita coisa para fazer, era normal que não tivesse tempo para me ligar ou para arrumar a casa. Normal.

Normal também para mim era não ter o que fazer no trabalho. Principalmente depois da briga com meu sócio. Se antes eu não pensava em novos produtos por falta de ideias, agora eu não o fazia de birra. Nem a pau eu ia fazer o que Orlando queria! Fiquei durante todo o expediente de quinta-feira jogando paciência. E pensando em Marilda. Lembrava da escassez de telefonemas, da falta de assunto entre nós e principalmente do final de semana que passaria sem ela no Rio. Depois de algum tempo, comecei a arquitetar algo que mexesse com a nossa relação. Após mais algumas rodadas de paciência spider, eu acabei tomando uma decisão: resolvi que no final de semana eu ia a Brasília matar as saudades e ajudar Marilda com a sua arrumação. Um bom marido, leal, compreensivo e companheiro. Era assim que me sentia. Liguei para Marilda à noite para dar as boas-novas. Sua reação não foi das mais empolgadas:

— Não precisa, Moa! Pode deixar que eu me viro sozinha.

— Mas eu quero ir, eu tô com saudades!

— Ô meu amor, e a Anita, vai ficar sozinha?

— Não, ela pode ir também...

— Não, ela vai achar um saco, vai ficar o tempo todo dizendo que está entediada, é melhor vocês não virem.

— Ela pode ficar na casa de uma amiga, é só uma noite, eu vou no sábado e volto no domingo.

— Não, eu não quero a minha filha em casa de amigas, parece que não tem pais. Acho horrível. É melhor vocês ficarem, eu me viro sozinha.

Tentei mais umas três ou quatro soluções, todas devidamente rechaçadas por Marilda.

— Moa, eu sei que você só quer ajudar, mas não precisa. Fica aí cuidando da nossa filha, tá?

— Tá.

Concordei mais uma vez com Marilda, mas não estava convencido. Achava que não havia nenhum problema em deixar Anita na casa de uma amiga e passar um fim de semana diferente em Brasília. Tinha certeza de que isso faria bem ao nosso casamento, àquela altura eu já tinha certeza de que uma crise podia estar vindo por aí.

Assim que cheguei ao escritório na manhã seguinte, pedi para a minha secretária comprar uma passagem para Brasília para o sábado bem cedo. Liguei para Anita e perguntei se ela podia ficar na casa de uma amiga no fim de semana. Ela quase me agradeceu, adorou a ideia.

— Valeu pai! Você é demais! Te amo muito!

Nossa, então é assim que a gente agrada os filhos? — pensei. Prometi para mim mesmo liberar Anita mais vezes.

Então eu fui para Brasília no primeiro voo de sábado. Cheguei na capital, peguei um táxi no aeroporto e rumei para o endereço de Marilda. Ao chegar ao prédio, anunciei o meu nome para o porteiro, que disse que o interfone estava quebrado, que eu podia subir direto.

Peguei o elevador, desci no andar de Marilda, procurei o seu apartamento e toquei a campainha. A porta abriu e eu dei de cara com o Técio, vestindo um short e sem camisa.

— Técio?

— Moa?

Eu fiquei meio sem saber o que dizer. Então gaguejei um pouco:

— A Ma-marilda?

— Claro! — O Técio abriu a porta e eu pude ver a Marilda de calcinha e sutiã vindo do quarto.

— Moa! O que você tá fazendo aqui?

— O que vo-cê tá fazendo?

— Arrumando... eu não disse que ia arrumar a casa? O Técio tá me ajudando... — Ela sabia que era uma tentativa idiota de explicar o inexplicável. Ela de sutiã e calcinha, o Técio sem camisa, a mesa de café com duas xícaras, a casa toda arrumadinha, pelo jeito a única coisa que ela não havia arrumado ainda era uma desculpa razoável para a situação.

Fiquei quieto, devia estar com cara de babaca, ou cara de corno, que era mais apropriada para a situação. Bom, quem quebrou o silêncio foi o Técio, que vestiu uma camisa e saiu batido do apartamento.

— Bom, eu vou indo. Acho que vocês têm que conversar... — foi o que o puto disse ao sair.

Ficamos calados por um bom tempo, olhando um para o outro, até que eu falei:

— E aí, o que você tem a dizer?

— Eu ia contar tudo, só estava esperando a hora certa.

— Tu armou tudo!

— Não, eu não armei nada... aconteceu... pintou...

Ela tentou me explicar que não foi para Brasília porque estava tendo um caso com o Técio, que a coisa começou lá, que foi fulminante. Jogou aquela velha e batida história de que rolou um clima e ela não pôde evitar. Mas se Marilda dizia que não estava pensando no assunto quando resolveu ir para Brasília, o Técio estava! Sempre desconfiei que o cara queria pegar a minha mulher e tinha certeza de que ele tinha planejado tudo metodicamente. O cara já tinha armado a arapuca, ele já sabia que ia rolar um apê no seu prédio antes mesmo de convidar a Marilda pro cargo. Só esperou uns dias para dizer para não ficar muito na cara que era armação. O sujeito lá em Brasília, cheio de poder, de saco cheio da mulher intelectual, resolveu realizar um velho sonho, comer a minha mulher! E a Marilda era uma presa fácil naquele momento, casamento morno, mulher cheia de ideais, empolgada com a vitória do Lula, companheira de luta, morando no mesmo pré-

36

dio, trabalhando na mesma sala, mudando o mesmo mundo! É claro que eu só descobri tudo isso muito depois. Naquele dia que eu peguei a Marilda se arrumando com o Técio, ela só me contou uma parte da história, que ela chegou sem pensar em nada, mas que foi pintando, foi rolando e finalmente aconteceu.

Fiquei tão aturdido com o encontro com a minha cornitude no apartamento de Marilda que não me lembro do que aconteceu imediatamente depois. Acho que saí correndo do apartamento. Recordo vagamente de Marilda correndo atrás de mim. Lembro-me de entrar em um táxi. Em alguns flashes de memória, Marilda está sentada ao meu lado no táxi, não sei, talvez ela até tenha me levado ao aeroporto, mas o percurso apagou-se de minha memória. A lembrança só volta a partir do instante em que estava sentado na poltrona do avião, com o lugar ao meu lado vazio. Então, alguém se sentou ali e eu nem percebi quem era, até que o sujeito se voltou para mim e me reconheceu.

— Você é o marido da Marilda, não é?

Resolvi dar a resposta mais curta, a que tinha deixado de valer há cerca de duas horas:

— Sou.

— Sua mulher está fazendo um belíssimo trabalho no governo.

O sujeito então começou a falar das coisas maravilhosas que Marilda estava fazendo, as coisas que eu não sabia, as que ela fazia no trabalho, é claro. Logo me lembrei quem era a figura, eu o conhecia, era um militante que frequentava as reuniões e festinhas políticas a que Marilda me levava.

O sujeito logo passou a fazer regalados elogios ao chefe dela, o Técio, como o trabalho dele no ministério era do caralho. Graças a Deus a aeromoça ofereceu o serviço de bordo, que eu aceitei mesmo sem estar com fome, só para colocar algo na boca e assim não responder que eu sabia exatamente como era do caralho o trabalho do companheiro Técio. O sujeito então mudou de assunto, usando o sanduíche como pretexto para falar do fome-zero e desancar a imprensa e os detratores do projeto, que eles não entendiam a proposta e estavam falando besteira, não passavam de adversários políticos com dor de corno por ter perdido a eleição.

— Porra, Moacir, isso é ou não é dor de corno?

— É — respondi sem ele saber que poucas vezes eu tive tanta certeza ao responder alguma pergunta. — É dor de corno sim! Uma dor de corno desesperada!

— Desesperada! — concordou ele. — Desesperada! É isso mesmo!

Não me lembro mais de como aquilo terminou. A dor de corno desesperada certamente me fez cair novamente na rede de meus pensamentos melancólicos de recém-separado e eu não prestei mais atenção ao que o sujeito falava.

Como num corte cinematográfico, minha memória me leva direto para um bar, já com quatro garrafas de cerveja vazias na mesa, ouvindo o Neco fazendo o discurso oposto ao do sujeito do avião, falando mal de Marilda e Técio. Enchemos a cara até a madrugada. Da conversa com Neco nada ficou e eu só sei que ele me levou para casa, sei porque me contaram. A amnésia alcoólica apagou todas as informações que vão do bar até a tarde do dia seguinte. Parece que fui depositado em minha cama, de onde saí várias vezes para vomitar no banheiro, onde acabei ficando, sem ter forças para voltar ao quarto. Segundo o relato da empregada, ela me encontrou de manhã abraçado à privada e todo vomitado. Levou-me de volta para a cama. Existe a versão de que ao voltar para a cama eu teria vomitado o quarto inteiro, sendo obrigado a terminar essa maratona escatológica dormindo no sofá da sala.

Só consigo lembrar do exato instante em que fui acordado por minha filha. Eu estava deitado no chão da sala. Quando a imagem de

Anita finalmente entrou em foco, eu vi o seu rosto contorcido, fazendo uma espécie de careta. Por que estava assim? Seria vergonha pelo mico transcendental que paguei naquela noite, encenando aquele triste número de vômito em distância pela casa? Seria alguma espécie de censura, por eu não ter feito nada para reverter aquela situação a não ser testar a minha capacidade de ingestão de álcool? Ou era simplesmente nojo? Não consegui distinguir o que se passava pela cabecinha dela naquele momento. Aquela expressão no rosto de minha filha nunca saiu de minha cabeça, ficou como uma tatuagem em meus neurônios.

Vocês vão se separar mesmo?

Encontrei Marilda novamente no sábado seguinte. Ela voltou ao Rio e me convenceu a sairmos para almoçar e, segundo ela, discutirmos a relação, ou, segundo eu, quebrar o pau para acabar de vez com a porra do casamento.

— Eu não estou chateada com você. — Foi assim que Marilda surpreendentemente começou a conversa.

— Como assim, você chateada? Eu é que tenho que ficar chateado. Aliás, chateado, não, puto da vida! — Aumentei ainda mais o tom de voz para não deixar dúvida sobre o meu estado de espírito.

— Pois é, eu não estou chateada por você estar chateado, eu entendo a sua posição, mas eu vim aqui para a gente ter uma conversa numa boa...

— Ah, você quer que eu pegue a minha mulher no flagra e fique numa boa?

— Calma, Moacir, é só isso que eu estou pedindo. Tranquilidade para a gente poder conversar, não precisamos estressar demais essa conversa...

— Como não estressar!? Você me traiu, lembra? Eu te peguei com outro, porra!

— Traiu? Que palavra horrível!

— Palavra horrível? Qual palavra você prefere? Corneou, chifrou, ah, não, certamente você prefere algo politicamente correto. Que tal descompanheirou? É assim que alguém de esquerda fala?

— Você esqueceu que também é de esquerda? — Marilda tentava com todas as forças manter a calma. — Olha, Moa, aconteceu, entendeu? Eu não planejei nada, nunca passou pela minha cabeça que ia rolar alguma coisa com o Técio, eu nunca olhei pra ele de outro jeito, pra mim ele era só um companheiro de luta, um cara que eu respeitava muito, mas lá em Brasília rolou, aconteceu...

— O que aconteceu? Uma amnésia? Você esqueceu que era casada e deu pra ele, foi isso?

— Não, não foi isso! Olha, Moa, você sabe que, quando essas coisas acontecem, elas só mostram que o casamento já não ia bem, o nosso casamento estava frio, a gente nem se falava mais...

— Aí você resolveu esquentar a coisa com o Técio?

— Olha, Moa, assim não vai dar pra conversar.

— E quem disse que eu quero conversar? Quem quer conversar é você. Quem me arrastou para esse restaurante foi você. Eu fui a Brasília, fui para ajudar a minha mulher a arrumar o apartamento de onde ela ia salvar o Brasil. Mas a minha mulher não queria salvar porra nenhuma! Ela só queria dar para o Técio. Nem o nosso casamento você quer salvar!

— Para com isso, Moa!

— Não paro não! Você pensou no nosso casamento em algum momento? Pensou na nossa filha?

— É claro que pensei.

— Porra nenhuma! Se você ainda pensa em salvar o nosso casamento, cabe a você fazer alguma coisa pra isso.

— O que você quer que eu faça?

— Volta pro Rio.

Marilda não respondeu. Permaneceu em silêncio. Eu não conseguia ficar calado.

— Se o casamento estava ruim, estava frio como você disse, por que você não veio antes conversar comigo? Ah, porque não havia tempo a perder, o Brasil precisa mudar, o operário chegou ao poder e não há tempo a perder. Pensar no casamento é uma atitude pequeno-burguesa, é preciso dedicar todo o tempo ao país. As classes populares é que precisam ser salvas, o casamento pode esperar. Enquanto isso a militante vai dando pro militante. Espero que vocês não tenham perdido muito tempo enquanto transavam. Como é que vocês faziam? As reuniões eram durante a transa?

Finalmente consegui o que queria: fazer Marilda arrancar aquela irritante máscara de tranquilidade. Se já era difícil suportar a situação da separação, pior ainda era enfrentar aquela calma de Marilda. Mas minhas tentativas de tentar desestabilizar Marilda acabaram dando certo. Ela pegou a bolsa e levantou-se da mesa. Antes de ir embora, deu o seu recado, um texto que parecia até decorado, provavelmente tudo o que queria dizer desde o início:

— A Anita vai ficar com você. Não é bom ela sair da escola no meio do ano letivo. Nos finais de semana ela vai para Brasília me ver ou eu venho aqui. No final do ano ela se muda de vez para Brasília. O meu advogado vai procurar o seu advogado, se é que você tem um, para tratar da separação. Não precisa me mandar dinheiro por enquanto, mas depois do divórcio eu não vou abrir mão dos meus direitos.

Marilda foi embora. Eu fiquei. Permaneci sentado no restaurante, mas não toquei mais na comida. Pensei em quebrar o restaurante todo, mas me segurei. Não quebrei nem um prato. Paguei a conta e fui embora.

Em casa, não consegui fazer nada. Fiquei sentado no sofá por quase uma hora, olhando para a TV desligada. De repente a porta abriu. Era Anita chegando da praia.

— Cadê a mamãe?

— Foi embora.

— Vocês vão se separar mesmo?

— Parece que sim. — Eu já estava me preparando para explicar o que havia acontecido, mas Anita não me deu tempo. Foi direto para o seu quarto, como fazia todos os dias. Só à noite ela se destrancou e foi à cozinha para comer alguma coisa. Fui até lá.

— Você tá bem?

— Tô na boa.

— Você vai ficar aqui comigo...

— Tô sabendo, mamãe me disse. No fim do ano eu vou morar com ela.

— Olha, Anita, eu sei que você deve estar triste com essa situação, mas a verdade é que eu e sua mãe...

— Não. — Anita me interrompeu.

— Não o quê?

— Não tô triste.

— Não?

— Não.

— E você tá... alegre?

— Também não.

— Você não tá nem triste nem alegre, é isso?

— É — Anita pegou uma maçã na geladeira e a mordeu. — Pai, eu não quero falar sobre isso, tá?

— Tá. Quando você quiser falar...

— Eu te procuro, pode deixar. Fica tranquilo que eu tô na boa.

— Tá na boa... Nem triste nem alegre... — repeti suas palavras meio confuso, enquanto Anita voltava a se trancar em seu quarto.

Se minha filha dizia que não estava alegre nem triste, esse não era o meu caso. Eu fiquei triste, deprimido, não tinha forças para nada. Sair da cama era um tremendo esforço. No dia seguinte faltei ao trabalho, liguei de manhã e disse que estava passando mal.

— Ok, seu Moacir, vou dar o recado — respondeu dona Ivana, a secretária.

— Qualquer coisa, liga aqui pra casa, eu estou por aqui.

— Ok, seu Moacir.

Ninguém ligou, nem do trabalho, nem amigo, nem inimigo, nem telemarketing. No início da tarde, com um pouco de culpa, liguei para o trabalho de novo.

43

— Tudo bem, dona Ivana?

— Tudo ok, seu Moacir.

— Ninguém me procurou?

— Não, seu Moacir.

— Tá. Qualquer coisa liga.

— Ok, seu Moacir.

Na terça-feira nem me dei ao trabalho de ligar para o trabalho e avisar que ia faltar de novo. Ninguém por lá também se deu ao trabalho de me ligar. Não comi quase nada o dia inteiro. À noite, Anita saiu de seu quarto e veio falar comigo.

— Tudo bem, pai?

— Não, filha, eu tô triste.

— Você comeu alguma coisa?

— Um sanduíche no almoço...

— Só?

— Só.

— A Vandete já foi. Você quer que eu prepare alguma coisa pra você?

— Não, filha, não precisa.

— Tá.

— E você, como você está?

— Tô na boa.

— Tá.

A conversa terminou. E mesmo tendo sido tão curta e monossilábica, me fez um bem danado. Anita se importava comigo, pelo menos um pouco, e eu tive um vislumbre de que precisava reagir. Na quarta-feira resolvi voltar ao trabalho.

No trabalho também havia alguém que se importava comigo: meu sócio. Depois de um tempão sem nem me encarar, resolveu vir conversar comigo:

— Dois dias sem aparecer, hein!

— É... eu estou mal, você já sabe?

— Sei, sei, todo mundo sabe. Você e a Marilda brigaram. Só você mesmo pra não segurar uma mulher cheia de poder como a Marilda. Tem gente que aguenta muito mais do que uma simples transinha fora do casamento só pra conseguir um contratinho de merda. Você não. Fica mal, deprimido, e isso depois de recusar um contrato maravilhoso que o tal Técio estava nos conseguindo... Foi ele o autor do crime, né?

Eu permaneci calado. Não encontrei forças nem para pensar em encher a cara dele de porrada, que era o que ele merecia. O babaca continuou:

— E por que você ficou tão arrasado assim? Qual é o problema? Vai dizer que ainda ama a mulherzinha depois de mais de vinte anos juntos?

Orlando virou as costas e saiu de minha sala. Ainda bem, eu não queria que ele me visse desabar no choro. Quando as lágrimas secaram, me levantei e voltei para casa. Não encontrei Anita para mais uma conversa confortadora, então deitei em minha cama e fiquei mirando o teto. Acabei voltando ao trabalho no dia seguinte, movido nem sei por qual forças, mas passei o dia no escritório fazendo quase o mesmo que faria em casa: fiquei olhando para a parede. E repeti isso pelo resto da semana. Casa, teto, trabalho, parede.

Uma semana depois, minha entediante rotina no escritório foi quebrada pela entrada barulhenta de Orlando em minha sala. Ele deve ter concluído que já havia transcorrido tempo suficiente para eu me recuperar, pois, sem ao menos fazer um prólogo, mandou a sua mensagem:

— Aí, Moacir, se tu já anda chorando por aí, se prepara para chorar mais. Essa merda vai falir! E tem mais, eu estou muito estressado, não estou aguentando o tranco. Vou sair fora, vou para Aspen. Tu tenta aí resolver os problemas da empresa. Se quando eu voltar tu tiver resolvido nossas pendengas, tudo bem. Senão, a gente fecha as portas. Por mim tudo bem, eu tenho família rica, grana no banco, fecho essa porra e foda-se! Me viro, parto pra outra. Mas e você? Tu não tem nada, então é você que tem que resolver essa situação. Tchau.

Foi assim, não teve conversa, não teve cerimônia, o Orlando simplesmente avisou que ia embora e foi. Pelo jeito, Orlando saiu da sala e foi direto para o aeroporto. Deixou-me com os meus chifres e os galhos da Info-Estoque para resolver.

* * *

Pois foi isso o que aconteceu: Eu mal tive tempo para digerir o final do meu casamento e agora precisava ter cabeça para tentar tirar a minha empresa do buraco.

Fiquei em estado de choque com a drástica resolução de meu sócio, mas não tive outra saída a não ser assumir a empresa. Levei um mês para começar a enfrentar sozinho os problemas da Info-Estoque. Três semanas para tentar parar de pensar em Marilda e outra para entender qual era a composição da merda em que a empresa estava chafurdada.

Nunca tinha mandado ninguém embora antes, mas fui obrigado a começar os meus trabalhos demitindo logo três ou quatro funcionários. Minha segunda tarefa foi me reunir com os funcionários para explicar que eu sabia que eles estavam com os salários atrasados, mas iam ter que ficar mais tempo sem receber, e que assim que a empresa se recuperasse eles iam me agradecer. Mas, ao final das reuniões, eu é que precisava agradecer por não tomar porrada dos funcionários mais exaltados.

Depois tive que entrar em contato com os fornecedores para convencê-los de que a nossa empresa era superconfiável, que assim que entrasse uma grana eles seriam os primeiros a receber. Cada hora que passava sem que algum credor pedisse a falência da empresa era uma vitória. Cada cheque que compensava era comemorado como um gol no último minuto. Cada dia que os funcionários compareciam ao trabalho sem anunciar algum tipo de greve ou revolução eu estourava fogos. Cogitei pedir concordata, mas não podia, por problemas jurídicos, burocráticos ou contábeis, ou todos eles juntos, não me lembro bem. As dívidas só cresciam e eu não via solução. Mas consegui ir tocando aquela situação terrível. Acho que o único motivo que me fazia dedicar 24 horas de meu tempo àquela empresa deficitária num ambiente de trabalho horroroso era que eu sabia que, se parasse de pensar na empresa, pensaria em Marilda e no Técio, e ficaria ainda mais deprimido. Portanto, cuidar da plantação de pepinos da empresa era quase um passatempo.

Então, depois de algumas semanas de estresse, tentando fingir que a empresa não era inviável e que eu não estava curtindo uma fossa desgraçada por ter sido traído por minha ex, surgiu a estagiária.

Os peitos de Viviane

Viviane era a espetacular estagiária do Orlando. Como fazia um estágio não remunerado, ela foi sobrevivendo às diversas levas de demissões que fui obrigado a fazer na Info-Estoque. Um dia ela entrou em minha sala.

— Seu Moacir, eu poderia falar com o senhor?

— Sim. — Levantei a cabeça e dei de cara com os peitos de Viviane — Cla-cla-ro — gaguejei, mas logo tentei me recompor. — Claro — disse firme —, o que você, quer dizer, a senhorita, quer?

— É que eu tô com uma dúvida...

Se ela tinha dúvida, eu tinha certeza de que era preciso tirar os meus olhos dos seus peitos. Mas era muito difícil. Os dois peitos é que pareciam ficar me olhando, quase estourando naquele decote, a culpa não era minha. Abaixei bruscamente o rosto, fugindo da perseguição implacável dos peitos de Viviane, para só então perceber as pernas da menina, mal cobertas por uma minissaia.

— Dúvida? — Tentei afastar os olhos de suas pernas, mas caí no umbigo, e no piercing que nele se alojava. Sem saber para onde olhar, fingi procurar alguma coisa na bagunça de papéis que havia em minha mesa, tentando loucamente tirar de vista qualquer uma das enlouquecedoras partes de sua anatomia, mas os peitos tinham ímã, eu não conseguia deixar de dar uma olhadinha neles.

— É, seu Moacir, é que eu estou assim meio sem saber o que fazer. O seu Orlando é que me dizia o que fazer...

— E o que ele pedia pra você fazer? — Eu não quis colocar nenhuma malícia nessa pergunta, mas tive certeza de que foi o que fiz... Todo mundo sabia o que o Orlando pedia para ela fazer, e sabia também que ela fazia, e de bom grado. Tratei de tentar tirar o que havia de maldade em minha pergunta:

— Quer dizer, que trabalhos ele pedia pra você fazer? — Tenho certeza de que piorei a situação, mas ela não pareceu se importar.

— Bom, ele me pedia pra fazer uma contas...

— Contas? Ah, claro, contas. — Procurei em minha mesa algumas contas que eu pudesse lhe dar para fazer. Peguei umas listas de fornecedores e inventei um trabalho. Precisava me livrar daqueles peitos rapidamente.

Ela pegou a papelada de minhas mãos, pensou alguns instantes e então aproximou os papéis de mim para tirar dúvidas. O problema é que, para fazer isso, ela tinha que se debruçar sobre a minha mesa e dessa posição eu conseguia divisar tudo por dentro de seu decote, todo o contorno de seus peitos, até o umbigo. Foi a ereção mais rápida que eu havia experimentado em vários anos. Atrapalhado, gaguejei as explicações para Viviane, que agradeceu, levantou-se e saiu. Mas os seus peitos ficaram. Não saíram dos meus pensamentos por todo o dia. Não conseguia trabalhar, só via piercings, umbigos, pernas monumentais, minissaias e peitos, muitos peitos, que tomaram conta da minha cabeça.

Aquela saraivada de peitos de Viviane metralhando os meus neurônios acabou por me fazer ver um lado da situação pela qual eu passava, que até aquele momento eu não havia atinado: descobri que agora era solteiro. Solteiro! Porra, se por um lado eu tinha saudades da traidora da minha mulher, por outro lado agora podia comer mulheres sem culpa. Podia pegar aquela estagiária sem remorsos, aproveitar a viagem do Orlando e cair de boca naquela gostosa. É incrível, mas até aquele momento não vislumbrara essa possibilidade. Eu podia cair matando, podia detonar, não devia satisfação a ninguém. Por que ficar dando uma de corno traído ou de empresário falido, quando eu podia ser um solteiro comedor? Foda-se a minha ex, foda-se a Info-Estoque, trataria os meus problemas à base de sexo!

Mas a minha empolgação com o meu recém-descoberto estado civil não sobreviveu a uma olhada no espelho na hora em que fui tomar banho. A impressão foi de que eu não me olhava no espelho havia anos, como um sujeito que ficou perdido numa ilha deserta. Não me reconheci. A cara envelhecida, a barriga enorme, o corpo flácido, tudo temperado com a cor incrivelmente branca de todo o conjunto. Que mulher podia se interessar por um traste daqueles? E a mulher que era a medida para mim naquele instante era Viviane. Ela olharia para um sujeito como aquele do espelho? Aqueles dois peitos espetaculares se interessariam por aquela coisa branca e disforme? É claro que não! Então eu tomei uma decisão: eu precisava dar a volta por cima. Tinha que sair da depressão, superar a cornitude e a quase-falência. Precisava cuidar de mim, dar um trato no material. Matriculei-me numa academia de ginástica.

* * *

O meu primeiro impacto na academia de ginástica foi visual. Olhava para o meu calção furreca, largão, meio desbotado, a minha camiseta de malha vagabunda, o meu tênis de futebol, velho e descolorido, e comparava com os maravilhosos uniformes dos frequentadores da academia, tecidos incríveis de marcas que eu nunca ouvira falar, grifes caríssimas, cujo nome eu nem sabia pronunciar direito. Os tênis humilhavam os meus com as suas especialidades, tênis para correr, para andar, para fazer esteira, para fazer abdominal, para pé para dentro, para pé para fora, só os meus eram para pés-rapados.

Um rapaz atlético, com os músculos saltando para fora da camiseta apertada, apresentou-se como professor.

— Eu vou ser seu tutor nesse primeiro dia, a gente vai fazer uma sequência de exercícios e eu vou te ensinar a mexer nos equipamentos. Mas antes vamos conversar. O que você está querendo?

— Querendo? Eh... eu quero fazer ginástica...

— Sim, mas o que você pretende? Aumentar bíceps? Diminuir abdômen? Braço? Perna? Algo nos glúteos?

— Algo nos glúteos? — Fiquei meio paralisado sem saber o que responder. Depois de alguns segundos pensando, acabei falando qualquer coisa.

— É... bíceps, tríceps, e tal e coisa... os glúteos não precisa...

— E barriga? — o musculoso perguntou.

— É, né... — Fingi que nem tinha pensado nisso. — Barriga é legal.

— Então, tá. — O cara então partiu pro ataque, me apresentou a vários aparelhos de musculação com pesos absurdos, que eu mal conseguia tirar do lugar. Fui de aparelho em aparelho com o professor me ensinando para que servia tal alavanca, como acertar o peso aqui, como eu devia calibrar ali... Fui exercitando vários músculos subdesenvolvidos de meu corpo e assim a aula transcorreu, no limite da humilhação, até que, aliviado e suando em bicas, fui dispensado pelo professor.

— Por hoje é só — decretou o musculoso. — Olha, se você sentir uma dorzinha nos músculos de tarde, não se preocupa, é normal.

— Uma dorzinha?

— É, como você não está habituado a se exercitar, pode sentir algum incômodo assim, tipo de tarde, mas logo, logo passa. Amanhã você tá novo.

O musculoso errou feio o seu prognóstico. Não senti nenhum incômodo à tarde, nem uma dorzinha. O que eu senti foi uma dor desgraçada em músculos que eu nem imaginava que existiam em meu corpo, doía no músculo atrás da orelha, na ponta do pé, até debaixo do sovaco. E a insuportável dor não me atingiu à tarde, a coisa começou assim que eu saí da academia. Mal conseguia andar. Cambaleante, mal consegui chegar ao escritório. Fui direto para a minha sala e tranquei a porta para que as pessoas não escutassem os meus gemidos.

Sentado em uma estranha posição, que era a única que eu conseguia ficar sem gemer muito alto, tentei começar a trabalhar. Minha principal tarefa era fazer surgir dinheiro do ar para pagar os credores. É claro que eu não sabia como fazer esse truque e assim o meu trabalho se resumia a inventar desculpas para adiar os pagamentos. Entre um telefonema constrangido e outro, sentia as fisgadas em meus músculos e concluía que ser um novo homem, um solteiro arrasa-quarteirão talvez fosse muito mais complicado do que imaginara. Então, para não pensar nas contas a pagar ou nos músculos doloridos, eu pensava em Marilda. Lembrava dos bons anos do casamento, sentia saudades de seus carinhos. Mas logo a memória dava um close da cara do Técio, e eu começava a pensar na Marilda que me abandonou, que me traiu, que me corneou, as palavras iam piorando à medida que me lembrava dela com o Técio em Brasília. Meus sentimentos variavam entre a raiva e a saudade, entre o desejo e a frustração, e então uma fisgada em um músculo desconhecido me fazia voltar à realidade das contas a pagar. Por que não desistir de tudo? Largar empresa, negócios, contas a pagar e me mandar pra praia? Mas o que eu ia fazer na praia? Queimar a minha barriga branca e balofa? Não, desistir de tocar a Info-Estoque era ficar sem nada para fazer e me afundar cada vez mais no pensamento de meu casamento fracassado, ficar rememorando as decisões erradas, a incapacidade de ter percebido a tempo que a relação com Marilda estava indo por água abaixo. Não, eu não queria pensar em nada disso, era melhor tentar o truque das contas a pagar. Então, quando eu estava em meio aos meus devaneios, às minhas dores e às minhas contas, a porta da minha sala abriu e eu imediatamente senti um perfume no ar. Era Viviane.

— Oi, chefe, posso entrar?

Não sei se era só impressão, mas as suas roupas pareciam ainda menores do que as que vestia na véspera.

— É claro — assenti, quase implorei.

— Eu acabei o trabalho que o senhor me pediu ontem.

— Trabalho? — Só lembrei que tinha pedido para ela fazer umas contas sem sentido quando ela me entregou as folhas de papel. Peguei a tabela inútil e calhou de eu bater os olhos numa soma e detectar um erro. Eu sou bom em matemática, muito bom, tenho intimidade com os números, nós nos entendemos bem, eu e os números. Não temos segredos, eles não costumam me trair.

— Dona Viviane, tem um errinho aqui... — Mostrei a folha de papel. Ela se espantou.

— Erro? Onde? — Ela deu a volta na mesa, aproximando-se de mim para verificar o problema. Colocou-se ao meu lado e se abaixou um pouco para ver a conta na folha de papel. Nesse movimento, Viviane roçou os peitos levemente no meu braço. Mais uma vez eu tinha uma visão privilegiada de seus peitos. Ela parecia fazer isso de propósito. Resisti bravamente à quase irresistível vontade de olhar por dentro de seu decote.

— Aqui nessa coluna. A soma não está batendo.

— Não?

— Não, dona Viviane.

— Nossa, seu Moacir, como o senhor pega as coisas assim tão rápido!

— É, pego... é... é que eu sou bom em matemática.

— Aposto que não é só em matemática...

Caraca! Meu cérebro brecou. O que ela estaria insinuando? Será que ela estava dando em cima de mim? Será? Fazia sentido, existia uma chance de ela estar dando em cima do chefe? Não era impossível. Mas o que fazer? Fingir-se de morto ou dar corda? Imaginei ela na cama, de frente, de costas, de ladinho... Pensei na cara do Orlando, meu sócio, puto da vida por eu estar comendo a sua estagiária... Pensei em Marilda morrendo de ciúmes ao me ver passeando com aquela garotinha gostosa... Pensei na cara dos meus amigos de pelada se roendo de inveja... Até nos credores eu pensei, desistindo de me co-

53

brar as dívidas; quem come uma mulher dessas não pode dever nada a ninguém. Com isso tudo em mente, resolvi que tinha que atacá-la, dar em cima do broto, ela estava me dando condição, então, que se fodam as convenções! Chefe tem que comer estagiária, essa era a regra que valia. Onde se ganha o pão não se come a carne? Ora, que pão eu estava ganhando? Passava o dia fazendo contorcionismo para pagar as contas. Foda-se! Eu queria, eu precisava, eu tinha que comer aquela estagiária, era a minha salvação. Mas como fazer? Como se dá em cima de uma estagiária? Eu estava fora de forma, se é que algum dia eu já estive em forma em matéria de cantada. Tentei.

— Dona Viviane, quer dizer, eu posso te chamar de Viviane, não é?

— Pode, seu Moacir.

— Por favor, não precisa do seu, me chame de Moacir.

— Tá, Moacir.

— Eu posso te chamar de Vivi?

— Pode, quer dizer, se o senhor quiser.

— Você gosta de ser estagiária aqui, Vivi?

— Gosto.

— Você gostaria de subir aqui na empresa?

— Subir?

— É, ser mais que uma estagiária. Ter um cargo remunerado...

— Nossa, Moacir, claro que sim.

— Então. Por que a gente não faz o seguinte: a gente sai para jantar para discutir o seu futuro aqui na empresa?

— Jantar?

— É, nós dois. Só nós dois. Assim eu poderia dar umas dicas de como você poderia subir na empresa...

— Umas dicas? Como assim?

— Bom, eu poderia lhe dizer assim... é... coisas que a senhora pode fazer para progredir aqui dentro...

— Mas o senhor não pode dizer isso aqui mesmo?

— Não, sabe como é, a gente não dá dicas para todo mundo na empresa, se eu disser aqui, as pessoas podem ouvir. Mas você, Viviane, é especial, eu sinto que você pode crescer muito aqui dentro, mas precisa de uns toques e, num jantar, eu poderia falar mais à vontade, você entende?

— Hum-hum.

— Então? Que tal no sábado?

— Sábado?

— É, você tem algum compromisso no sábado?

— Não...

— Então, sábado?

— Tá...

— Então, combinado, no sábado eu passo em sua casa às oito, tá bom?

— Tá...

Ela se virou e seguiu rebolando em direção à porta. Eu comecei a suar de imediato, fiquei completamente empapado, e uma súbita dúvida me tomou: será que eu devia mesmo ter feito aquele convite? Estava quase arrependido do que tinha acabado de fazer, quando Viviane, antes de sair da sala, virou-se para mim e sorriu. E foi aquele sorriso que me fez ter certeza de que tudo tinha dado certo, que eu tinha mesmo convencido aquele monumento a sair comigo no sábado. O nervosismo passou. Agora era pensar no encontro. Do jantar à cama era outra batalha, mas eu tinha certeza de que saberia vencê-la.

É claro que no dia seguinte voltei à academia. Sabia que mais uma aula não ia me transformar num atleta até sábado, mas agora eu me sentia um macho alfa caçador e precisava malhar. O futuro era grandioso! E cheio de mulheres, eu precisava me cuidar.

O professor sorriu ao me ver e foi logo perguntando pelas dores. Menti, dizendo que senti apenas um ligeiro incômodo, mas nada que um sujeito espada como eu não pudesse aguentar. O musculoso, satisfeito, presenteou-me com outra seção de humilhações. Aparelhos e halteres ainda mais pesados do que da primeira vez. Pensei várias vezes em desistir e voltar para casa, mas me lembrava de Viviane e seus incríveis peitos e continuava. A aula enfim terminou e o musculoso se despediu.

— Por hoje é só. Talvez você sinta um pouco de dores de novo, mas acho que não, você tirou de letra a primeira aula.

— É — era só o que eu conseguia falar.

— Por que você não faz uma sauna para relaxar? — ele sugeriu.

Achei uma boa ideia. A sauna masculina ficava dentro do vestiário, onde descobri que a temporada de humilhações só havia começado. Foi entrar no vestiário e dar de cara com os corpos mais sarados e bem-definidos do universo, desfilando seus músculos com a intenção óbvia de me sacanear. Tirei minha camiseta e meu tênis e entrei com o meu largo calção na sauna. O vapor do ambiente, a princípio, encobriu a minha visão. Ouvia uma conversa animada entre vários homens, mas só via fumaça a minha frente. Depois de alguns segundos, minha visão se acostumou um pouco e eu consegui ver que na sauna havia uma espécie de arquibancada de três degraus ladrilhados. Sentei-me num canto vazio do primeiro degrau. Só quando o vapor se dissipou mais um pouco eu consegui perceber um detalhe: o único indivíduo que vestia calção ali era eu. Todos estavam nus. Então, um dos pelados da sauna, o mais falante de todos, resolveu vir conversar comigo, parece que com o intuito de me enturmar. O cara postou-se de pé na minha frente.

— E aí, começando hoje?

— Não, é a segunda aula.

— Tá gostando?

— É, acho que sim, ainda não deu pra sentir... Na verdade, é a primeira vez que eu frequento uma academia...

— Primeira vez? Caraca! — O cara ficou pasmo, sinceramente impressionado com a minha confissão. O sujeito pensou um pouco, acho que em busca de um assunto. — Você joga tênis?

— Não.

— Ah... Joga vôlei?

— Não.

— Gosta de bicicleta?

— Não muito... eu gosto de futebol.

— Então você vai gostar daqui! — Afinal ele conseguiu encaixar a frase que devia estar aprisionada desde o início da conversa. Empolgado, o cara desandou a falar da pelada que o pessoal da academia jogava toda quinta-feira, logicamente depois da malhação, mas eu não conseguia prestar muita atenção a nada do que ele falava. O problema que me afligia é que eu estava sentado no primeiro degrau, e o sujeito, pelado em pé na minha frente, ou seja, os meus olhos estavam exatamente no mesmo nível do seu bilau. Com a empolgação de sua narrativa, o instrumento do sujeito balançava para lá e para cá a vinte centímetros apenas da minha linha de visão. Em suma: eu tinha que olhar para cima, mas não conseguia tirar os olhos daquela coisa chacoalhante na minha frente. A situação estava ficando tão desagradável, que não tive dúvida, nem esperei o cara terminar mais uma frase, levantei-me e saí da sauna. Preferia ficar com fama de mal-educado do que de boiola.

Quando saí para o vestiário, deparei-me com vários outros musculosos pelados, e, talvez por influência da imagem do pênis balouçante que havia ficado em minha mente, não conseguia deixar de olhar para os bilaus do vestiário. Foi uma experiência terrível! Eu tinha certeza de que todos haviam reparado que eu estava mirando seus instrumentos, que acharam que eu era um observador de pássaros em plena atividade, um vampiro de pirocas, um vampirocas, um manja-rolas, uma bichona à procura de uma vítima. Tomei banho apressado, coloquei a roupa rapidamente e saí voando da academia.

* * *

Sozinho em casa, eu não conseguia tirar da memória o bilau balançando na minha frente. Pensava principalmente no tamanho da coisa, rodando quase como um ventilador enquanto o cara falava. E quando conseguia reprimir essa lembrança, surgiam as imagens de todos os outros bilaus do vestiário da academia, e o pior: eu tinha certeza de que eram todos maiores que o meu! E por mais que eu tentasse pensar em outra coisa, apenas uma pergunta remoía em minha cabeça: será que eu tinha o pau pequeno? Será que só agora, já quarentão, eu iria arranjar um complexo inteiramente novo, esse complexo de pau pequeno?

Fui até o banheiro, tirei a roupa e fiquei olhando. Será que ele era normal? O que Viviane acharia disso? Tentei lembrar de alguma reclamação explícita ou mesmo apenas velada de alguma das mulheres com quem havia dormido. Antes de Marilda não foram tantas mulheres assim e com certeza qualquer comentário que não fosse explícito já teria se apagado de minha memória. Repassei a minha vida erótico-sexual o máximo que consegui e não me lembrei de nenhuma insinuação, nem que fosse por brincadeirinha, em relação às dimensões de meu pênis. Marilda, minha ex-mulher, com quem fiquei casado por tanto tempo, dominava essas memórias, afinal, foi com ela que mantive as minhas últimas, penúltimas e antepenúltimas relações sexuais. Nunca Marilda me chamou para discutir a relação por conta das dimensões do meu instrumento. Ela já havia discutido a relação por conta de tampa de vaso, de banheiro imundo, de falta de iniciativa de minha parte, porque faltava dinheiro, porque eu só pensava em dinheiro, porque eu nunca queria sair de casa. O motivo campeão para discutir a relação sempre foi a sua acusação de que eu era um alienado político. Ela nunca discutiu comigo por eu ter um pau pequeno, sempre foi por ter um ideal pequeno. Marilda quase me fez virar um operário, mas nunca me chamou num canto para reclamar do tamanho da minha ferramenta.

Então comecei a analisar outras possibilidades. Talvez a pesquisa realizada naquele vestiário tenha sido feita com uma amostra viciada, em que todos os elementos eram bem maiores que a média. Ou talvez todos aqueles caras musculosos malhassem o bilau. Será que entre todos aqueles aparelhos de ginástica da academia haveria um para esse músculo? Não, eu nunca tinha ouvido falar nisso. Quem sabe eu sofri uma ilusão de ótica?

Enfim, meus pensamentos eram bem confusos, mas tendiam fortemente à conclusão de que eu tinha o bilau mínimo. Resolvi medir o tamanho dele e tirar uma conclusão científica comparando a sua metragem, quer dizer, centimetragem, ou milimetragem, quem sabe, com os padrões aceitos pela ciência. Fui à internet para pesquisar qual seria o tamanho médio de um pênis. Entrei no google e digitei pênis + tamanho, recebi de volta aproximadamente 321 mil ocorrências. Cliquei logo na primeira e caí num site médico bastante didático. A primeira pergunta era a que eu precisava: O que é um pênis normal? E a resposta estava lá:

"um pênis flácido mede de 5cm a 10cm de comprimento. O tamanho durante a flacidez não determina o tamanho durante a ereção. A medida é feita desde o ponto em que ele se encontra com o corpo até a extremidade da glande. Se aplicarmos tração manual, o pênis ganhará de 2 a 5cm. Master e Johnson (1966) verificaram que o pênis em ereção mede de 12,5cm a 17,5cm."

Então, era esse o truque dos caras, fazer tração! Eu ali desligadão, pensando em fazer sauna, e os caras, experientes, ratos de academia, preparados. É claro! Todo mundo naquele vestiário dava uma tracionada esperta no rapazinho para ele virar rapagão.

Mesmo com o truque do vestiário revelado eu precisava medir o meu pênis. Peguei uma fita métrica, tirei a roupa e medi o pênis flácido. Segui as instruções do site, desde o contato com o corpo até a extremidade da glande. Seis centímetros e meio. Normal. A minha primeira reação foi de alegria, mas logo em seguida a minha cabeça matemática começou a analisar a situação. Dentro dos normais eu era um dos menos normais. Seis e meio está mais próximo de cinco do que de dez, mais próximo dos normais pequenos do que dos normais grandes. Calma, Moacir, calma, no texto está escrito que o tamanho mole não tem nada a ver com o tamanho duro, e o que vale é o rapaz em estado de alerta.

Bom, para essa segunda medida eu precisava que o meu pênis ficasse ereto. Nervoso como estava, eu não conseguiria fazê-lo apenas com o pensamento, precisava de algum incentivo, algum estímulo visual. Aproveitei que estava sozinho em casa, Anita tinha saído para uma festa ou algo assim. Resolvi recorrer ao DVD. Coloquei um disco que havia alugado. Rapidamente me excitei com os gemidos da peituda americana e meu instrumento cresceu até o máximo. Antes que eu me empolgasse demais e acabasse melando a minha experiência, peguei a fita métrica e comecei a medir o objeto de minha pesquisa. Coloquei a ponta da fita no encontro do pênis com o corpo e a estiquei até a extremidade da glande... foi então que ouvi um barulho e alguém pronunciando algo que não consegui entender imediatamente. Parecia uma palavra bem conhecida, bastante comum, e emitida em português, ou seja, não devia vir nem da peituda nem do rapaz que a penetrava, que, pelo menos até aquele momento do filme, só haviam gemido e sempre em inglês. Não, definitivamente era português o que eu ouvira, e depois de alguns segundos consegui finalmente distinguir como:

— Papai!

Minha filha! A porta do quarto aberta denunciava o que havia acontecido. Ela abriu a porta e me pegou medindo o bilau enquanto via um filme de sacanagem. E por menor que fosse o tamanho do meu pênis ela certamente havia percebido que ele estava em total estado de ereção.

Coloquei as calças do jeito que deu, apertei o stop no aparelho de DVD e parti rápido para dar de cara com a porta do quarto dela fechada. Nem cheguei a bater, Anita a abriu e passou direto por mim, carregando uma mochila.

— Pai, estou indo para a casa da Cecília.

Saiu desabalada porta afora sem me dar tempo de balbuciar a famosa e ridícula frase que normalmente se fala em ocasiões constrangedoras como aquela:

— Não é nada disso que você está pensando...

* * *

Minha filha não dormiu em casa naquela noite. Liguei incessantemente para o seu celular, mas ele estava desligado. Deixei vários recados, mas ela não retornou. Pensei em ligar para a tal Cecília, mas não tinha o número do telefone dela. Quase enlouqueci. Passei a noite em claro esperando minha filha voltar, esperando o telefone tocar com notícias, esperando ela avisar onde estava, esperando qualquer coisa. Torcia para ela estar bem, para ela ter mesmo dormido na casa da amiga e não ter feito nenhuma besteira. Imaginei todas as loucuras, vi minha filha começando a se drogar por causa do que viu ou enchendo a cara num boteco fétido qualquer, desesperançada com o pai idiota que tinha. Como eu podia ter sido tão burro, tão ingênuo, tão imbecil, infantil e todos os adjetivos que uma noite inteira de insônia e arrependimento fizeram vir a minha cabeça?

Às seis da manhã, tive a ideia genial de ligar para a casa de outra amiga de Anita perguntando pelo número da tal Cecília. Telefonei para a casa de uma tal Ritinha e, quase xingado pela mãe da menina por ter ligado muito cedo, consegui o telefone que queria. Liguei. Depois de vários toques uma voz de mulher atendeu a ligação. Presumi que era a mãe da menina.

— Alô, aqui é o pai da Anita... é que eu estou um pouco preocupado com ela, ela não dormiu em casa. Será que ela dormiu aí?

— Dormiu sim.

— Ah, Graças a Deus!

— Eu posso falar com ela?

— Ela está dormindo.

— Tá.

Desliguei, prometendo ligar mais tarde. Pensei em dormir, mas continuava nervoso com a cagada que havia feito e, além disso, precisava trabalhar.

Ao chegar ao escritório, dei de cara com Viviane, que me esperava na porta com um decote ainda mais provocante do que todos que haviam me provocado antes.

— Oi, chefe, eu precisava muito falar com o senhor...

Em qualquer outra ocasião eu enlouqueceria com as promessas que aquela conversa traria, mas não naquele dia, não depois daquela noite de insônia, depois da sucessão de acontecimentos que fizeram a minha filha me pegar em flagrante delito e sair de casa.

— Dona Viviane, desculpe, mas hoje eu estou muito atarefado, a senhora não pode falar o que tem para falar depois?

— Tá bom, — Viviane obedeceu e saiu em direção a sua mesa, rebolando mais do que o normal como quem dizia "olha só o que você está perdendo".

Fui para a minha sala e é claro que não consegui trabalhar nem um minuto, pensando em minha filha, no que poderia dizer para ela, que desculpa iria dar para tamanha idiotice. Falar a verdade era inviável, eu morreria de vergonha. Tentava bolar uma boa história para contar para Anita, mas toda vez que encontrava um caminho os peitos de Viviane apareciam em meus pensamentos para atrapalhar. Então eu me levantava e ia ao banheiro para molhar o rosto, voltava e tentava de novo pensar em algo para dizer à minha filha.

Não liguei para a Anita pela manhã, achei que ela tinha ido à escola. Por volta de duas da tarde telefonei para casa, ela já devia ter chegado, mas a empregada anunciou que Anita não estava. Às três liguei de novo e nada. Tentei de novo às quatro, também sem sucesso, então liguei para a casa da amiga, talvez elas tivessem voltado para lá depois da aula.

— Elas não foram à escola. A mãe da Anita passou aqui para pegar ela.

— A mãe?

— É, a mãe dela.

Desliguei sem entender nada. Marilda estava no Rio? Liguei para o trabalho de Marilda em Brasília.

— Ela não veio trabalhar hoje.

Liguei para a casa da mãe de Marilda, onde ela costumava ficar quando vinha ao Rio, apenas para descobrir que ela não havia passado por lá.

Às sete da noite, depois de telefonar para várias amigas de Anita, para amigas de Marilda no Rio, para hotéis e restaurantes, resolvi ligar de novo para a casa de Marilda em Brasília e me surpreendi com a sua voz.

— Marilda? Você tá aí?

— Tô. O que você quer?

— É que a Anita...

— Ela está aqui comigo. Ela me ligou de manhã e contou tudo que viu. Fui buscar ela no Rio. Ela vai ficar comigo, Anita não pode conviver com um pai degenerado.

— Mas você não pode... — Ainda tentei esboçar alguma reação.

— Eu posso muito bem! Estou instruída por meu advogado. Ele vai procurá-lo. Eu já te disse que a nossa conversa é entre advogados. Tchau.

— Tchau.

Fiquei com o fone na mão por uns 15 minutos. Demorei para entender o que havia acontecido, mas parecia que eu havia perdido a minha filha também.

O adevogado

Raiva. Era o único sentimento que eu ainda tinha por Marilda. Não havia mais lembranças dos bons tempos, nem a mínima vontade de voltar, nem resquícios de algum pensamento de perdão, nem uma migalha de ideia de reconciliação. Só havia raiva. Como é que ela podia achar que eu era um tarado? Será que ela achava que eu havia escondido essa faceta doentia de minha personalidade por todos os anos que passamos juntos? O que ela estava pensando de mim? Ora, só porque eu estava mexendo no meu bilau? Todo homem mexe com o seu pau, isso é normal. Nós passamos metade dos nossos dias ajeitando o bichão, isso é quase como respirar para um homem. Desde bebê o homem brinca com o seu pênis. Todo homem mexe, puxa, ajeita, esfrega, bolina, estica, acaricia o seu membro, isso faz parte da psiquê do macho. É normal! Anormal é não tocar no bicho, ter asco. Tudo bem, a minha filha me viu, sem roupa e com a mão no pênis em estado de ereção. Eu bobeei, deixei a porta aberta, mas isso também não é o fim do mundo! E depois, eu não estava me masturbando, porra! Estava só medindo o tamanho do meu membro, tudo bem, uma babaquice sem tamanho, mas algo ingênuo, bobo, uma criancice. Isso era motivo para me chamar de tarado e levar a minha filha embora? Agora ela tava lá fazendo a cabeça da menina, inventando as piores coisas sobre mim, sobre a minha sexualidade, sobre o meu comportamento social. Marilda não tinha o direito de levar Anita para Brasília. Isso é sequestro!

Entrei no escritório resmungando, não cumprimentei ninguém. Fui direto até a mesa de minha secretária.

— Dona Ivana, liga para o advogado. Preciso urgente falar com ele.

Caminhei em direção a minha sala, ainda falando sozinho, ansioso por receber a ligação do escritório de advocacia que nos atendia.

— Ela vai ver o que o meu advogado vai aprontar pra ela!

Entrei em minha sala bufando e, então, quase caí no chão ao me desviar para evitar abalroar um sujeito engravatado que lá estava a minha espera. Depois de me refazer do susto do quase atropelamento, reparei que Viviane, a estagiária gostosa, estava sentada em minha cadeira. Estranhamente ela vestia uma roupa bastante discreta, nenhum decote, nenhum rasgo mostrando as coxas, quase nada de fora.

— É bom mesmo o senhor ligar para um adevogado. O senhor vai precisar de um. — Foi assim mesmo que ela falou, adevogado, com um "e" explícito entre o dê e o vê. — Seu Moacir, esse aqui é o meu adevogado — ela frisou o "meu".

Será que ela estava oferecendo o advogado dela para resolver o meu caso? Olhei para o sujeito que eu quase havia atropelado e o examinei mais detidamente. O seu terno era amarfanhado, uma gravata fora de moda, a camisa meio puída, tinha cara mesmo de adevogado.

O sujeito então se apressou em se apresentar, estendendo um cartão.

— Adriano Pacheco, prazer. A minha cliente, a senhora Viviane, vai estar entrando com uma ação contra o senhor essa semana.

— Ação? Que ação?

— Assédio sexual.

Fiquei paralisado. Sobre o que esse sujeito estava falando?

— Assédio sexual de quem? — foi o que consegui perguntar, mostrando a minha completa imbecilidade momentânea.

O sujeito não respondeu, tirou um pequeno gravador do bolso e o colocou sobre a minha mesa. Ele apertou a tecla play e eu pude ouvir a minha voz. Era eu mesmo, não havia dúvidas, convidando a estagiária para jantar. Apertei a tecla stop.

— Mas isso não é assédio sexual — foi o que eu consegui dizer. Pensar não era uma das tarefas que eu conseguiria realizar naquele momento.

— Ora, meu senhor — o adevogado tomou a palavra —, o chefe promete regalias para a subordinada em troca de um jantar que tinha obviamente objetivos escusos.

— O chefe não pode jantar com a estagiária? — O meu cérebro ainda não havia começado a funcionar de novo.

— O chefe promete um futuro na empresa em troca de um jantar fora do horário de trabalho, praticamente obrigando a subordinada a aceitar. Isso é assédio sexual no trabalho.

— Essa gravação é forjada, vocês não têm testemunhas!

— Nós temos testemunhas. — Então ele listou vários funcionários da empresa que se ofereciam para testemunhar contra mim, alegando terem escutado todas as conversas que tive com a estagiária e ainda outras mais que certamente inventariam. Nada a estranhar em um escritório onde eu era odiado por ter mandado embora meio mundo e diminuído o salário de quem havia ficado.

— Isso é chantagem! — Dei um soco na mesa.

— Usar o poder de chefe para conseguir favores sexuais também é.

— Eu não vou ser chantageado! Saiam da minha sala!

— O senhor tem certeza de que não quer nem discutir um acordo?

— Não encha o meu saco! Fora daqui!

Os dois saíram da minha sala. Não tive nem tempo de mandar Viviane, com seus peitos e coxas e adevogado, praquele lugar, o telefone tocou. Era a minha secretária.

— Seu Moacir, o senhor Moura mandou dizer que não pode atender o senhor.

Moura era o meu advogado, sem "e" entre o dê e o vê.

— Como assim não pode? Você não falou que era urgente?

— Falei, mas ele disse que não pode mais fazer nenhum trabalho pro senhor enquanto o senhor não pagar o que deve para o escritório de advocacia.

— E eu estou devendo muito?

— Nós não pagamos há seis meses.

* * *

Não sei como consegui forças para voltar ao escritório no dia seguinte. Acho que foi por não saber como me ocupar em casa ou por não ter ideia de outro lugar para ir. Entrei na empresa como se nada de novo tivesse acontecido, fingindo que não percebia os olhares críticos dos funcionários para o chefe que atacava estagiárias. Segui sem escalas para a minha sala, onde mais um problema me aguardava, e sentado em minha cadeira. Parece que os meus problemas gostavam de se sentar na minha cadeira. Era Orlando, que não se deu ao trabalho de se levantar. Fui obrigado a sentar na cadeira em frente.

— E aí, como foi a temporada de esqui? Muito escorregadia? — brinquei, procurando quebrar o gelo.

Orlando não respondeu. Permaneceu em silêncio. Obriguei-me a puxar assunto para não deixar o silêncio zumbir mais alto na sala.

— E aí? De volta ao batente?

Orlando continuou calado. Como ele insistia em permanecer mudo, eu resolvi que era hora de trabalhar. Levantei-me e me aproximei da mesa, procurando alguns papéis.

— Você me dá licença, eu preciso pegar umas coisinhas aqui na minha mesa — frisei o minha —, sabe como é, eu tenho que trabalhar...

— Não precisa. — Orlando segurou as minhas mãos impedindo-me de pegar o que queria.

— Você não precisa. Está com a vida ganha, pode ir esquiar em Aspen com a empresa no buraco. Tem grana no banco, não depende disso aqui. Pra você essa empresa é hobby, mas pra mim é trabalho. Dá licença...

Livrei-me de suas mãos e comecei a remexer nas pastas que havia sobre a mesa, mas Orlando me segurou novamente. Então, desandou a falar, como se, até aquele momento, só estivesse pegando fôlego.

— Não precisa trabalhar mais não, essa empresa aqui vai fechar as portas. Olha, Moacir, você acha que eu fui pra Aspen pra escorregar, pra fugir dos meus problemas, já que eu sou rico, mas na verdade eu fui pra pensar nos meus problemas. E pensei. E decidi várias coisas. A maior parte das minhas decisões obviamente não te interessa, mas uma das coisas que resolvi é diretamente concernente a você. Então estou aqui para informá-lo sobre essa decisão, que é a seguinte: essa empresa acabou. Vamos fechar as portas da Info-Estoque. Isso aqui é um buraco sem fundo, nós não nos damos bem como sócios, somos muito diferentes, temos ideias diferentes e, portanto, não existe mais nenhuma razão para isso aqui existir. Como você sabe, eu sou dono de 51% das ações da empresa, portanto decidi por maioria acabar com a empresa.

A "informação" de Orlando me pegou desprevenido, recebi-a como um soco na boca, e a minha resposta desesperada era quase como um jorro de sangue.

— Mas peraí, Orlando, você não pode simplesmente acabar com a empresa, nós estamos cheios de dívidas...

— Nós vamos pagar as dívidas. Eu vou pagar a minha parte, os meus 51% das dívidas, e você vai pagar a sua parte, os seus 49%, e nós vamos fechar a empresa.

— Mas eu não tenho dinheiro para pagar a minha parte. Eu não quero fechar a empresa. Você acha que é assim, você resolve que quer fechar a empresa e fecha? Se eu não pagar a minha parte, você se ferra também!

— É assim mesmo, eu quero fechar e vou fechar. Vou pagar as dívidas enquanto elas são pagáveis e lacrar essa merda. A sua parte nas dívidas eu pago e você fica me devendo.

— Eu não quero ficar devendo nada pra você, Orlando. Você está sendo filho da puta, porra! Isso é uma tremenda sacanagem!

— Sacanagem é eu conseguir um contrato no governo, um contrato que ia salvar a empresa, e você, meu próprio sócio, pedir pra sua mulherzinha ou ex-mulherzinha rasgar o contrato. Em nome da ética! Que ética é essa? Não pode sujar o governo, mas pode comer a estagiária ingênua? Essa é a sua ética? Usar o poderzinho de merda que tem nessa empresa de merda pra comer a menininha? A verdade, Moacir, é que há um tempão eu tô querendo sair fora dessa merda, mas não saía por tua causa, achava que era sacanagem contigo. Mas virou uma sacanagem comigo. Essa empresa tá na merda há um tempão e eu só injetando dinheiro, torrando um pedação da minha herança. Se em vez de botar a porra do dinheiro aqui eu tivesse colocando num banco, eu não estava passeando em Aspen, eu estava morando lá. Aí quando a sua mulher vai pra Brasília e a gente consegue um contratinho, e olha que era uma merda de um dinheiro, você vai e barra a parada por questões de ética!

— É claro! Isso é um absurdo! Usar da posição de um familiar para conseguir favores no governo, isso não existe mais!

— Claro que existe! Você é que é um bundão! Até a sua mulher já percebeu que lá em cima a coisa é diferente, só você ainda acredita nisso. Agora a chance de conseguir alguma coisa no governo dançou. Você se separou da sua mulher, que pelo jeito não foi tão ética assim...

— A minha relação com a minha mulher não tem nada a ver com isso. Não se mete em minha vida pessoal não!

— Eu não quero me meter em sua vida pessoal. Aliás, eu não quero mais me meter nem em sua vida profissional. Eu quero justamente acabar com qualquer relação entre nós. E mesmo que não fosse por todas essas nossas diferenças, eu teria mesmo que assumir a empresa, porque depois do que você fez com a estagiária, você não tem mais a mínima condição de tocar a Info-Estoque.

— Eu não fiz nada com a estagiária! Ela armou pra cima de mim!

— E você foi ingênuo, otário, idiota! Mais um motivo pra você não tocar a empresa. Eu não vou ficar discutindo, a partir de agora é melhor você ficar em casa, não aparecer por aqui. Você perdeu a mínima credibilidade que tinha cantando a estagiária. Todo mundo sabe que você está sendo processado por assédio sexual. Imagina o chefe processado por tentar comer a estagiária! Você acha que consegue dar alguma ordem aqui dentro? Não dá, Moacir! Você tá fora! Eu vou assumir de novo a empresa e vou fechar essa merda. O meu advogado vai procurar o seu, se é que você tem um, para acertar os ponteiros, ou, se não acertar, nós nos encontramos diante do juiz. Ah, sim, por falar nisso, você conhece bem o meu advogado, é o Moura.

— Peraí, o Moura é o advogado da nossa empresa!

— Era. Agora ele é o meu advogado. Só meu.

Orlando então se levantou e saiu. E eu pude finalmente sentar em minha cadeira.

* * *

Ainda tentei afrontar o meu sócio, aparecendo por mais dois dias na Info-Estoque, tentando marcar posição, gritando que eu era um dos donos, o responsável técnico pelos produtos, a alma e a base de tudo. Mas a situação da empresa era mesmo muito ruim e foi duro constatar que o meu sócio tinha razão: não havia clima para a minha permanência ali. Se todos já me olhavam de esguelha por conta de eu ter sido o artífice de um massacre trabalhista, o piloto de um passaralho, agora a situação estava ainda mais estranha porque eu era também um tarado que atacava estagiárias. Ainda persisti e apareci um terceiro dia na empresa, disposto a resolver de alguma maneira a situação. Procurei o Orlando.

— Precisamos conversar...

— Tô muito ocupado agora...

— Tem que ser agora...

— Me procura dentro de dois dias.

— Vai se foder!

— Não dá, tô ocupado.

O puto me fez esperar mesmo, tive que fazer hora. Fui para a minha sala, e a encontrei cheia de poeira, desarrumada, imunda. Parece que a faxineira se recusava a entrar lá. Não sei que histórias contaram para aquela senhora de mais de 60 anos, mas a velha tinha medo de entrar na minha sala e dar de cara comigo.

Uma hora depois o Orlando resolveu aparecer em minha sala.

— E aí, o que você quer? — ele perguntou.

— Pensei melhor sobre o que você falou... tudo bem, eu vou dar um tempo... de repente com você à frente a situação da Info-Estoque melhora... eu vou tirar umas férias...

— Férias é o cacete! Tu vai sair da empresa.

— Eu não quero sair!

— Não tem querer! Eu já te disse que tô pagando as dívidas e acho que em um mês já dá pra fechar as portas...

— Os funcionários já sabem?

— Não, ninguém sabe de nada. Você criou um clima horrível aqui dentro, eu não quero piorar as coisas, todos vão saber na devida hora...

— Eu não criei clima nenhum. Você saiu de férias e deixou a batata quente na minha mão.

— Foi você que demitiu um monte de gente, que diminuiu salário, que cortou hora extra... Eu talvez tivesse procedido de outra forma, certamente com mais profissionalismo.

Pensei muito seriamente em dar uma porrada no Orlando, mas a desvantagem física era muito grande. Acho que aquela foi a única solução sensata que tomei naquele período, não precisava de mais nenhum processo. Olhei com raiva para o meu sócio e ainda fiz uma última pergunta:

— E o meu salário? Eu ainda ganho pro labore?

— Bom, tecnicamente a resposta é sim, mas na prática é rosca. Zero! Eu pretendo pagar os credores e descontar a sua parte do seu salário. Então, além de receber zero centavo, tu ainda vai ficar me devendo uma baba!

Ainda tentei manter a pose e sair de cabeça erguida da minha empresa. Disse um batido "isso não vai ficar assim!" e tentei encenar uma saída enérgica, mas o máximo que consegui foi sair com cara de babaca. Do elevador ainda pude ouvir os aplausos dos funcionários.

Todo mundo tem advogado

A única atitude sensata que consegui tomar naquele momento de minha vida foi dispensar a Vandete. Ela já andava meio cabreira, deve ter falado com Marilda, que contou a sua versão dos acontecimentos. Vandete ficou uns três dias sem aparecer lá em casa e, quando finalmente resolveu voltar, eu a demiti. Já estava craque na prática de demitir pessoas sem ficar culpado. Acho que, se tivesse esperado cinco minutos, ela é que pediria demissão.

Completamente sozinho em casa, a única atividade que me restava era ficar deitado em minha cama. Meus pensamentos variavam, com períodos em que minha cabeça ficava vazia, sem pensar em absolutamente nada, e outros quando eu tinha devaneios ensandecidos, com fantasias enfurecidas de vingança. Mas, em alguns momentos entre esses dois extremos, eu experimentava algumas fagulhas de consciência. Nesses parcos instantes eu tentava pensar de uma forma objetiva em todos os perrengues por que passava. Demorei bastante para quantificar e qualificar exatamente quais eram os meus problemas. Concluí que havia várias questões a tratar: retomar minha empresa, cuidar de minha separação, defender-me da acusação de assédio sexual, reconquistar minha filha e ainda dar um jeito de ganhar dinheiro, já que estava desempregado. Mas não consegui esboçar nenhum plano concreto para realizar qualquer um desses objetivos. A única certeza que eu tinha era que precisava urgentemente de um advogado!

Todo mundo tinha advogado. A estagiária gostosa tinha um advogado, aquele picareta meio asqueroso que certamente havia tramado tudo para pegar o otário, no caso eu, por assédio sexual. Eu tinha certeza de que o cara só estava interessado na grana que ele achava que eu tinha. Precisava saber se o adevogado tinha chance de conseguir alguma coisa.

Orlando tinha o advogado que havia sido da nossa empresa, no caso a empresa que ele não queria mais que fosse nossa. Ele pagou as dívidas que tínhamos com o advogado para que esse o representasse contra mim. Pelo menos eu não tinha mais dívidas com o escritório de advocacia. Mas também não tinha advogado.

Marilda tinha advogado. E ele parecia ser muito bom. Rápido ele era. Em pouco tempo eu recebi a visita de um oficial de justiça me convocando para comparecer perante um juiz numa ação de divórcio.

Eu não tinha advogado. Nem dinheiro para contratar um.

Lembrei-me da poupança que eu e Marilda tínhamos no banco. Não era grande coisa, mas, pela teoria, metade da grana era minha. Dava para contratar um advogado e talvez até para me sustentar por um tempinho.

Fui ao banco. Não sabia exatamente quanto tinha investido, havia muito tempo não verificava o saldo. Procurei a gerente, que depois de verificar no computador me disse:

— Sua conta está zerada.

— Como zerada?

— Saldo zero. O senhor resgatou o saldo total.

— Eu não resgatei nada! Deve haver algum erro aí!

— Não existe nenhum erro. — Ela teclou mais algumas coisas em seu computador. — O senhor, ou a cotitular, sacou tudo há duas semanas.

— Cotitular?

— É, Marilda Stein, ela é cotitular dessa conta.

— Ela pode sacar?

— Ela é cotitular, pode sacar a qualquer momento...

Saquei ali mesmo o meu celular e liguei para Marilda. Ela atendeu.

— Você resgatou toda a nossa poupança?

— Resgatei. Antes que você fizesse.

— Quem te disse que eu ia pegar esse dinheiro?

— O Técio. Ele me alertou e me aconselhou a sacar tudo e colocar numa conta separada.

— O que esse cara tem a ver com isso? A metade da grana é minha! Por que você sacou a minha metade?

— Para arcar com as despesas da Anita. Eu só vou gastar a minha metade, o resto eu peguei só como uma forma de garantir que você não vai me prejudicar.

— Eu nunca te prejudiquei! Esse dinheiro era meu, ganhei trabalhando em minha empresa!

— Peraí, Moacir! O dinheiro sempre foi nosso, agora é seu? Tá vendo? O Técio tem toda razão! Você nunca falou assim antes. Moacir, você mudou muito. Eu nem te reconheço mais.

Ela desligou e me deixou gritando sozinho no meio do banco com todos os clientes me olhando. A gerente pediu silêncio duas vezes e na terceira pediu ajuda ao segurança, que me acompanhou até a saída.

No dia seguinte lembrei-me de uma caderneta de poupança que abri para Anita muitos anos antes. Era um dinheiro para ela pagar a faculdade, coisa de pai precavido. Depositei algum dinheiro por alguns meses, mas logo parei, por esquecimento ou por falta de fundos, e deixei de lado a caderneta.

Fiquei uma semana lutando contra mim mesmo para não mexer na caderneta de minha filha, mas a necessidade venceu a guerra e acabei retirando um pouquinho da grana, prometendo devolver com juros assim que a situação melhorasse.

Procurei o Neco, meu amigo de todas as horas, para desabafar. Resumi a minha situação, falei da falta de dinheiro, da falta de advogado, da falta de tudo.

— Tu não vai devolver o dinheiro da tua filha? Então, qual é o problema? Pior é tua mulher que passou a mão na tua grana.

— É... — Eu queria muito concordar com Neco, mas não conseguia — eu tô culpado de pegar esse dinheiro...

— Agora tu já pegou e até já deve ter gastado um pouco. Então já era, não adianta ficar culpado. Além do mais, a Marilda também passou a mão na sua grana. Vocês estão quites. Você tem é que se preocupar contigo.

— É, comigo...

— Tu não precisa ficar culpado, a culpa não vai te levar a lugar nenhum — ele repetia a sua tese como um mantra —, o que tu precisa mesmo é de um advogado pra enfrentar as suas paradas. É com isso que tu tem que se preocupar.

— É, você tem razão, eu preciso arrumar um advogado...

— Bom, eu tenho duas dicas de advogado pra tu.

— Não se preocupa...

— São dois caras bons, hein! Advogado é importante, tem que ser bom. É que nem médico. Tu vai botar teu coração na mão de um cardiologista ruim? Tu vai botar teu pau na mão de um urologista ruim? Então é o teu cu que tá na reta...

— Você tá dizendo que eu preciso de um proctologista? — brinquei.

— Pois é, advogado é uma espécie de proctologista, só que em vez de cuidar das merdas que tu vai fazer, o advogado cuida das merdas que você já fez.

— Porra, Neco, eu não fiz merda nenhuma!

— Claro que fez! Só você mesmo pra não perceber que uma menininha gostosa daquela e com aquele jeitinho de piranha não tava armando pra você! Você achou que ela ia dar em cima de você por causa dos seus belos óculos?

O garçom interrompeu a conversa oferecendo o cardápio, que eu fingi estudar detidamente para ver se o Neco parava um pouco de falar de assuntos que me chateavam. Mas o meu amigo arrancou o cardápio de minhas mãos.

— Para com essa babaquice de ler cardápio. Tu já conhece essa porra de cor. — Neco gritou pro garçom: — Ô garçom, traz mais dois chopes e uma porção de batata frita. — Virou-se novamente pra mim: — Tu é o cara mais previsível da humanidade, só bebe chope, só come batata frita, só deve fazer papai-mamãe. Como é que tu se mete a cantar vagabunda? Isso não é pra você!

Fiquei quieto, não sabia o que falar.

— Mas vamos ao que interessa. Olha, Moa, eu tenho duas dicas de advogado.

— Tá bom. Quem são? — resignei-me.

— O primeiro é o Nestor. Tu conhece ele, eu levei ele umas duas ou três vezes na pelada, depois ele deu uma sumida, um meio mauricinho...

— Meio mauricinho? O cara foi agarrar, todo paramentado, chique pra caralho pra jogar bola. Uniforme, meião, chuteira, caneleira, tudo dele era de grife.

— É esse mesmo, que a galera disse que era tão besta que não levava frango, levava chester. Então, esse cara é um superadvogado, tem um escritório fodão que atua em todas as áreas e tu tá encrencado em todos os ramos do direito. O cara é o bambambã.

— Mas deve ser caro pra caralho, a minha grana não dá pra isso.

— Tu dá uma chorada, de repente ele faz um preço especial pra tu, solidariedade futebolística. Ele me disse que gostou de você na pelada, acho que foi o único que não sacaneou ele. E depois ele me deve uns favores aí...

— Favor pra você? O que é? Tu arrumou umas garotas de programa pra ele?

— Não interessa. Tu fala em meu nome que ele vai te fazer um desconto, tenho certeza.

— Desconto por tua causa, duvido! Diz aí logo quem é o outro advogado que tu conhece.

Neco deu uma respirada.

— O outro advogado é mais em conta. É o Alvarenga. O cara é bom, bom pra cacete! E eu tenho certeza que vai cobrar bem pouco, o cara tá precisando de clientes.

— Porra, o cara é bom mas não tem clientes?

— Ele é bom, rapaz, tô te dizendo. É que ele andou com uns probleminhas aí que atrapalharam um pouco a carreira dele...

— Que problemas?

— Nada muito importante... — Neco titubeou um pouco, mas logo resolveu explicar: — O cara era famoso, fodão e rico, aí entrou numa de cheirar e cheirou o escritório todo. Ficou na merda, aí ele parou de cheirar e cresceu de novo, mas acabou voltando a cafungar e cheirou outro escritório.

— Porra, você quer que eu pegue um viciado em pó pra ser meu advogado?

— Calma, Moa, eu sou seu amigo, porra! Você acha que ia te meter numa furada? O cara tá limpo. Parou com tudo. Ele já se ferrou duas vezes, você acha que ele vai entrar nessa de novo? O cara tá recomeçando de novo. E ele é bom. Bom, não, o cara é fodão! E tá limpo, te garanto.

Fiquei em silêncio, mas a minha cara não disfarçava o que eu achava das dicas do Neco.

— Tu não gostou das minhas dicas, né? Tudo bem, você faz o que achar melhor. Eu só te garanto que os dois caras são bons. Tu vai se dar bem na mão de qualquer um dos dois. Mas você é que sabe. Se quiser contratar um advogadozinho de porta de cadeia, tudo bem, é problema seu.

O garçom chegou com a batata frita e os chopes. Bebi o meu chope num gole. E pedi outro. Naquela noite foram oito.

— Deixa que eu pago! — Neco propôs. — Tu vai precisar de grana pra pagar o advogado.

78

Mesmo relutante, eu aceitei o seu oferecimento. Quase me arrependi quando Neco não resistiu a um comentário sacana, enquanto preenchia o cheque:

— E pega mal gastar o dinheiro da faculdade da filha enchendo a cara de chope, né!

* * *

Tentei como um louco me lembrar de algum advogado, mas todos os que conhecia tinham problemas. Havia um primo distante que eu sabia que tinha estudado direito, mas sempre achei o cara um idiota. Havia um amigo, mas o sujeito era militante de esquerda e talvez ficasse do lado de Marilda. Liguei meio sem jeito para a minha secretária, ou ex-secretária, e pedi a ela para pesquisar algum escritório que pudesse me aceitar como cliente, ou seja, que fosse bom e barato. Ela relutou, mas acabou topando me fazer esse favor, escondida de Orlando. O seu esforço foi inútil, ela não conseguiu nenhum nome razoável, todos cobravam muito, bem acima das minhas posses. Só me restavam as indicações do Neco e, é claro, não tive muita dúvida ao escolher entre um mauricinho e um cheirador.

Consegui marcar uma audiência com o Nestor depois de inúmeras tentativas. Deixei vários recados com várias secretárias e, quando já estava quase desistindo, recebi um telefonema da figura.

— Alô, Moacir, tudo bem? É o Nestor. Você tá querendo falar comigo, certo? Então vem quarta-feira aqui no meu escritório. Duas da tarde, tá certo?

Nem consegui esboçar uma resposta e a voz do outro lado da linha já havia mudado.

— Senhor Moacir Stein? — Era uma secretária do Nestor. — Anote por favor o nosso endereço. — Ela ditou o endereço, confirmou o horário. Um show de competência e objetividade.

Apareci no escritório na hora marcada. A recepcionista, uma loura escultural, acompanhou-me até uma luxuosa sala de espera. Sentei-me no sofá mais confortável em que já havia sentado em minha vida, de onde podia examinar os lindos tapetes, as bacanérrimas poltronas e vários quadros pendurados nas paredes, todos com emaranhados de borrões e salpicos de tinta que eu não ousaria criticar, mas tinha certeza de que valiam milhares de dólares cada um. O toque final da aconchegante sala de espera era uma TV de plasma, que estava desligada, mas um controle remoto em cima da mesa de centro se oferecia. Com todo aquele luxo na sala de espera, era quase obrigatório oferecer-se tempo para se fruir tanto conforto. Menos de trinta minutos não seria tempo suficiente para se aproveitar uma sala de espera daquele nível. Gastei os primeiros vinte minutos dos quarenta que ali permaneci lendo uma revista *Caras*, mas logo resolvi abusar e liguei a televisão. Fiquei curtindo o *Video Show* e, justamente quando Angélica entrou em cena, a secretária apareceu e me convidou a acompanhá-la. Quase pedi para ela esperar os comerciais, mas desisti e segui a moça por um labirinto de corredores, até chegarmos a uma enorme sala onde não havia ninguém. Essa sala, igualmente luxuosa, era mais sisuda, ali não se esperava, ali se trabalhava. Uma estante gigante tomava toda a parede com milhares de grossíssimos livros jurídicos. Esperei mais um bom tempo. Comecei a ficar entediado, pensei até em voltar à primeira sala, onde podia ver TV, mas não saberia voltar até lá. Quando já estava até pensando em pegar um daqueles pesados livros para dar uma folheada, ouvi um burburinho. Logo o Nestor apareceu cercado por três jovens engravatados que lhe mostravam papéis e falavam coisas num jargão jurídico que eu não entendia, enfim o clichê do superadvogado hiperocupado. Nestor me viu e veio em minha direção de mão estendida. Apertou a minha mão e não mais largou.

— Moacir, grande figura! Como é que vai? E a pelada? Boa como sempre? E o Neco, tem visto? Grande figura o Neco! Olha,

Moacir, esse aqui é Rogério Alencar Junior, um jovem advogado brilhante, é um dos feras aqui do escritório. Ele vai tratar do seu caso. Pode ficar tranquilo que você está em boas mãos, em ótimas mãos! Não se preocupe com o preço, depois a gente conversa. Boa sorte, hein, Moacir!

Então ele largou a minha mão e saiu da sala, do mesmo jeito que entrou, seguido por dois dos asseclas, que foram atrás falando em juridiquês arcaico. Eu presumi que o rapaz que ficou era o brilhante advogado responsável pelas minhas roubadas. Olhei para o jovem advogado, certamente mais jovem do que advogado. O rapaz suava, nervoso, e começou a gaguejar.

— Bo-bom, va-va-mos con-conversar sobre seu ca-caso...

— Você é recém-formado, certo?

O jovem brilhante balançou a cabeça afirmativamente.

— Eu sou o seu primeiro caso profissional, certo?

Ele demorou-se um pouco mais para responder.

— Segundo.

— Ô Junior, você pode me fazer o favor de indicar a saída? — pedi.

O jovem se mostrou brilhante em sua explicação, consegui sair do escritório do Nestor sem errar.

* * *

Antes de procurar a segunda indicação do Neco, o tal do Alvarenga, eu ainda tentei mais uma vez descobrir algum outro advogado que pudesse me atender. Cheguei a pensar até em ligar para o meu ex--advogado, o Moura, agora advogado do meu sócio, para pedir uma indicação, mas seria ridículo. Depois de muito pensar, concluí que conhecer o advogado que o Neco me indicou não custava nada. Quem sabe a história era verdadeira e o cara estava limpo? Talvez fosse a sorte grande, um ótimo advogado baratinho. Liguei pro sujeito, que atendeu no segundo toque, como se estivesse de prontidão ao lado do telefone. Expliquei rapidamente quem eu era e o que queria.

— Que horas você pode me receber pra gente conversar? — perguntei.

— Quer vir agora?

— Agora?

— É, eu tô aqui de bobeira.

— De bobeira?

— Quer dizer, tô aqui cheio de serviço, mas posso te atender agora, se você quiser... — ele se corrigiu. — Eu estou atendendo aqui em casa mesmo, é provisório...

Fui direto para o endereço que ele me passou em um prédio no Leblon. Toquei a campainha e o próprio Alvarenga me atendeu, não havia recepcionista, secretária ou qualquer tipo de empregado. Vestia um terno apertado, certamente o único que restou de seu glorioso passado. Me pediu para sentar, o que fiz na única poltrona que havia na sala. Em frente havia uma surrada televisão de 14 polegadas em cima de uma mesa. Nenhuma estante com clássicos jurídicos, nenhum quadro pendurado nas paredes, apenas uma flâmula do Botafogo comemorando o campeonato brasileiro de 95. Alvarenga sumiu lá dentro de seu apartamento e voltou com uma cadeira que colocou na minha frente. Sentou-se, abriu um bloquinho e tirou uma caneta BIC do bolso.

— Então vamos lá. Qual é o seu problema?

Mesmo desconfiado, resolvi contar os meus problemas. O tal do Alvarenga tinha uma cara boa, o que eu perderia em testar os seus conhecimentos? Comecei pelo problema da empresa, o mais comum e menos constrangedor. Ele fazia várias anotações enquanto eu falava. Expliquei como o negócio começou, qual era o ramo de atuação, o meu papel e o do Orlando. Fiz um rápido histórico e quando cheguei à atual crise da empresa ele me interrompeu.

— Sabe o que é, ô Moacir, eu ainda não almocei, então que tal se a gente continuasse a conversa num restaurante?

— Bom — fiquei meio sem saber o que dizer, mas, como também não havia almoçado, pensei que não faria mal se almoçássemos juntos. — Tudo bem. Aonde você quer ir?

— Tem um restaurante aqui perto, é bom e barato. Eu almoço bastante lá.

Descemos de seu prédio e andamos duas quadras até o restaurante, que deve ter sido promovido a tal pela mesma pessoa que promoveu o apartamento de Alvarenga a escritório. Era um boteco vagabundo. Sentamos numa mesinha bamba e o garçom nos ofereceu o cardápio.

— O PF daqui é honesto — Alvarenga indicou.

— Pra mim tá bom.

— Dois PF. Você se importa de eu beber uma cervejinha?

— Não, tudo bem, eu bebo com você — procurei achar normal. Se nos grandes escritórios oferecia-se uísque, por que não uma cervejinha? Talvez o álcool fosse até bom para atiçar a minha criatividade na hora de escolher as palavras e encontrar metáforas adequadas de forma a diminuir a minha vergonha ao contar que quis medir o tamanho do meu bilau, ou que fui pego por minha filha com a mão no mesmo ou ao mostrar a gravação com a minha ridícula cantada na estagiária.

Comecei a contar os meus outros dois casos. Alvarenga anotava tudo em seu bloquinho e, mesmo depois que a comida chegou, continuou se dividindo entre comer e anotar. Era mesmo um almoço de negócios. Acabamos os nossos pratos e o garçom ofereceu a sobremesa, que estava incluída no preço. Acabei de contar os meus problemas junto com a gelatina de morango, a sobremesa da casa. Quando o cafezinho chegou, Alvarenga bebeu de um gole, não havia perigo de se queimar, já que estava frio, e começou a dar o seu parecer. O sujeito analisou os três casos com clareza, colocando os lados positivos e negativos de cada problema, mostrando segurança e conhecimento, me dando uma sensação de que sabia do que estava falando. Explicou que os meus casos eram complicados, mas havia chances de conseguir me safar de algumas coisas, não de todas, se fossem bem trabalhados. Fiquei animado. O cara parecia mesmo bom! Perguntei pelo preço. Alvarenga pela primeira vez ficou meio incomodado, começou a suar um pouco. Ficou um tempo em silêncio, então, finalmente, respirou fundo e falou:

— Olha, Moacir, você deve ter reparado que o meu escritório não é muito legal, que eu estou trabalhando em minha casa... e você viu, deve ter percebido... que não tem muitos móveis... bom, não sei o que o Neco falou sobre mim, mas eu já fui sócio de um dos maiores escritórios do Rio, mas eu tive uns probleminhas...

— Que tipo de probleminhas? — testei.

— Uns probleminhas com os sócios, sabe como é, você mesmo está tendo um problema com o sócio. E aí eu sofri um baque, vamos colocar assim, na minha carreira. Sabe como são essas coisas, os meus ex-sócios me ferraram. Me deram um golpe. Eles não acham que foi um golpe, mas foi. Eu demorei um bom tempo para me recuperar e agora estou tentando me reerguer, entende? Mas os meus ex-sócios, além de me ferrarem financeiramente, me ferraram no mercado, fizeram uma campanha mentirosa e maledicente contra mim, e eu estou tendo dificuldades para conseguir bons clientes. E você é três clientes em um. Eu vou poder trabalhar em três casos ao mesmo tempo, com três juízes diferentes e isso é muito importante para mim. Então, por conta disso, eu vou te fazer um preço simbólico, vou cobrar muito pouco mesmo, preço de tabela do sindicato.

— Vamos falar sério, Alvarenga. Você parou de cheirar?

— Tá vendo, foi isso que o Neco te falou? Porra, até o Neco! Não tem nada a ver, isso é calúnia dos meus ex-sócios.

— Você nunca cheirou?

— Eu não vou mentir para você, eu cheirava um pouco, mas não o que os babacas espalharam por aí, que eu era um viciado. Isso é uma sacanagem! Não tem nada a ver.

— Desculpa te perguntar, é uma pergunta pessoal, mas é importante pra mim, afinal você vai cuidar dos meus três casos. Você ainda cheira?

— Não, tô limpo.

Agora era uma questão de confiar no cara, de acreditar na sua palavra. Olhei bem para a sua cara e resolvi dar um voto de confiança a ele e ao Neco. Topei.

— Tá. Tudo bem. Você vai ser o meu advogado.

— Beleza! — Alvarenga exultou. Levantou-se e esticou a mão para mim. Apertamos as mãos fechando o negócio.

— Moacir, eu só vou te pedir um favorzinho?

— Tudo bem. O que é?

— Paga essa conta aí que eu tô durango. Eu desconto dos meus honorários.

* * *

A ação que corria mais rápido nos corredores da justiça era, como não podia deixar de ser, o meu divórcio de Marilda. Logo fomos chamados a comparecer perante o juiz. Alvarenga me preparou para a audiência, explicou-me detalhadamente o que eu deveria dizer e o que deveria evitar, como me comportar, como me vestir, detalhes que eu nem imaginava que pudessem ter alguma importância. Marcou comigo trinta minutos antes da hora da audiência, para repassarmos os pontos mais importantes. Ele me deixou animado, esperava conseguir um divórcio no mínimo justo.

Cheguei cedo ao Fórum, até antes da hora marcada. Alvarenga ainda não havia chegado, mas Marilda já estava lá, com o seu advogado. Cumprimentei-a fazendo questão de gastar a menor energia possível e recebi de volta um aceno quase imperceptível. Sentei-me na cadeira mais distante que pude de minha ex-mulher. Alvarenga estava bem atrasado, já ia longe a meia hora que tínhamos para repassar qualquer instrução. Graças a Deus o juiz também atrasou a nossa chamada e eu joguei fora todos os discursos que já havia feito sobre a lentidão da justiça em nosso país e me preparei para rasgar as minhas ideias sobre impunidade também. Adorava justiças lentas, principalmente quando o seu advogado cismava em não aparecer. Comecei a ficar nervoso, o tempo passando, eu não tirava os olhos da porta da sala de espera. Então surgiu uma figura estranha, um sujeito meio trôpego, com o terno amarfanhado e a gravata amarrada com uma tentativa de nó. Ele dirigiu-se até a cadeira vazia ao meu lado e sentou.

— Foi mal, cara! — Aos poucos a sua cara foi se transformando e o rosto de Alvarenga foi se formando, os seus olhos pareciam vidrados, ele suava e seus gestos eram acelerados. Ele levantou-se e disse para todos que ali esperavam que no caso eram apenas Marilda e seu advogado:

— Aí, galera! Desculpe o atraso. Foi mal!

Alvarenga sentou-se de novo e falou ao meu ouvido.

— Aí, cara, desculpa, mas é que rolou uma paradinha aí, um lance escroto, depois eu te explico.

— Tá tudo bem? — foi o que consegui perguntar, mas naquele exato instante um rapaz com um crachá do poder judiciário entrou na sala de espera e nos chamou para a audiência. Entramos na sala onde o juiz nos aguardava. Sentei do lado oposto ao de Marilda, com Alvarenga ao meu lado.

O juiz começou a ler os autos. Alvarenga se remexia muito a meu lado, logo afrouxou o mal dado nó de gravata. Eu não sabia o que pensar, experimentava um misto de alívio, por Alvarenga ter chegado em cima da hora da audiência, e estranheza, por sua conduta completamente fora dos padrões.

Na primeira brecha que o juiz deu em sua fala, Alvarenga pediu a palavra.

— Desculpa, vossa excelência, mas... é que eu preciso ir lá fora, necessidades, sabe como é...

— O senhor quer ir ao toalete? — O juiz irritou-se.

— É isso aí. Toalete. Necessidades fisiológicas.

O juiz olhou duro para o meu advogado, mostrando toda a sua má vontade, mas assentiu.

— Permissão concedida. Cinco minutos.

Foram quinze os minutos, dez dos quais passados sob a tensão do olhar irritado do juiz, que não tirava os olhos de mim, como quem diz: "Que raio de advogado é esse que você arrumou?"

Alvarenga voltou, um pouco mais amarfanhado.

— Posso continuar? — o juiz perguntou com um sorrisinho irônico.

— Desculpa a demora, excelência.

A sessão continuou e uma vez mais foi interrompida por meu representante para nova ida lá fora. Torci para que o motivo de tantas idas ao banheiro fosse uma diarreia ou uma incontinência urinária, mas o mal era outro. Quando voltou, ainda mais agitado, eu me impressionei duplamente. Primeiro, porque ele tomou a palavra e não falou coisa com coisa, nem se lembrou de utilizar o jargão jurídico. A segunda surpresa foi algo que só eu consegui reparar, para sorte dele: uma nódoa de cocaína manchava sutilmente a lapela de seu terno, denunciando a sua necessidade de sair a toda hora.

O juiz finalmente leu a sentença, que foi a pior que eu poderia conseguir. Perdi tudo, levei de goleada. Além de ter que pagar uma pensão bem acima do que conseguiria bancar, perdi o apartamento e o direito de lá permanecer morando, a não ser que pagasse aluguel para Marilda, a nova dona do imóvel. E é claro que eu não dispunha dessa quantia mensal para bancar o apartamento. Mas isso não foi o pior. A minha pior derrota foi perder o direito de ver a minha filha, já que fui considerado perigoso para a educação, o bem-estar e até a integridade física de Anita. Só não saí direto para a cadeia por assédio sexual, atentado ao pudor ou qualquer outro crime sexual, por não ser essa a finalidade daquele julgamento. Isso não fui eu que deduzi, estava escrito no parecer do juiz.

Quando saí desolado do Fórum, tentei descobrir o que havia acontecido com o Alvarenga, mas o máximo que consegui dele, na péssima situação física e mental em que se encontrava, foi um choro convulsivo e um mal-ajambrado pedido de desculpas.

— Foi mal, cara. Eu sou mesmo um merda... Desculpa...

Ele me abraçou e recebeu um safanão que quase o fez cair no chão, a única resposta que eu podia lhe dar naquele momento.

Alguns dias depois, já refeito, Alvarenga me procurou. Recusei-me a recebê-lo, mas ele acabou me convencendo a ouvir a explicação para o seu comportamento no Fórum. O problema foi o pagamento que lhe fiz na véspera do julgamento. Até ali eu só havia lhe pagado almoços para matar a sua fome, o cara estava mesmo na lama, sem um puto para comprar comida. Então, um dia antes de comparecermos perante o juiz, ele me convenceu a pagar metade dos honorários, disse que precisava pagar contas atrasadas, o condomínio, conta de luz, coisas desse tipo, e eu topei. Ele me garantiu que isso era verdade, que não armou para cima de mim, que precisava mesmo se livrar dessas contas, mas o problema é que ele estava muito ansioso com a sua volta à ativa, a audiência do meu divórcio marcava a sua volta aos campos e aí ele não segurou a onda. Como um bom viciado, achou que uma cheiradinha só seria legal para lhe dar coragem, só uma fungada, depois ele parava. Ligou para o seu fornecedor dos velhos tempos, que se negou a lhe vender, a não ser que ele pagasse o que lhe devia. A fissura foi aumentando e Alvarenga acabou indo até a Rocinha, onde cheirou todo o dinheiro do condomínio, da conta de luz, de gás, do telefone, e ainda convenceu o traficante a ir até o seu prédio, onde conseguiu, em troca de seu surrado carro, um fusca caindo aos pedaços, mais alguns papelotes. Antes de dar o seu relógio para o bandido ele ainda conseguiu descobrir que estava atrasadíssimo para a audiência. Foi de ônibus, com um trocado que conseguiu do traficante. Chegou ao tribunal, mas não conseguia parar de pensar nos papelotes que ainda tinha no bolso do paletó, que tratou de cheirar no banheiro do Fórum em todas as vezes que pediu ao juiz para ir ao banheiro.

— Foi assim. — Alvarenga explicou a sua atitude, virou-se e foi embora. Antes de sair de minha casa, ainda tentou me pedir mais um favor.

— Almoço nem pensar, né?

Um presente de meu pai

Depois do resultado desastroso da audiência de divórcio passei duas semanas deitado, catatônico, olhando para a TV ligada sem prestar atenção ao que passava. Não conseguia sair do lugar, nem pensar em nada, o cérebro vazio. Só me levantava para ir ao banheiro ou para buscar alguma coisa para comer. Consumi tudo que restava na despensa. Acabei com as últimas latas de atum logo no primeiro dia. No segundo dia foi um biscoito cream-cracker vagabundo. Restaram no armário apenas dois enormes sacos de cheesetos, aquelas coisas amarelas, que devem ser produzidas com algum tipo de resíduo atômico. Comprei aqueles salgadinhos um mês depois de me separar de Marilda, quase como um manifesto pela minha liberdade. Comprei porque não havia ninguém para me dizer que aquilo era uma porcaria e fazia mal. Eu podia comer cheesetos no sofá vendo TV, ou deitado na cama, sem me preocupar se as migalhas sujavam ou não o tapete, ou manchavam o sofá ou o lençol de amarelo. Podia jogar a embalagem no chão porque ninguém ia me encher os colhões, pedindo para jogar no lixo.

Eu estava deprimido, num estado alfa invertido, o extremo oposto do Nirvana, uma situação deplorável. Quando já pensava em não me levantar mais nem para fazer xixi, atingindo o ápice da lama, estiquei a mão para pegar mais um cheesetos e encontrei a embalagem vazia. Foi quando pensei em me matar. Mas suicídio dá trabalho. Tem que se conseguir uma arma, ou pensar num método, ou conseguir uma corda, e eu não tinha ânimo para nada. Permaneci deitado por muito tempo, olhando para o nada. Então, quando vi, já estava de pé. E quando dei por mim, já estava no banheiro, fazendo um xixi acumulado que demorou quase dez minutos. Foi gostoso o xixi. Senti um prazer que não experimentava havia muito tempo. Valia a pena viver só para poder repetir uma mijada assim. Acho que foi aquela mijada que salvou a minha vida. O meu surto psicótico mudou de polaridade naquele instante, de negativo para positivo, de deprimido passei a ficar excitado. Olhei-me no espelho e vi a cara de um inocente, uma vítima que não podia ficar parada, que tinha que reagir imediatamente. Resolvi naquele instante retornar à empresa para reinvindicar a minha volta! Eu tinha direitos, nada tinha a perder! Precisava arrancar alguma grana de Orlando, afinal eu também era dono da empresa. Fodam-se as caretas que os funcionários pudessem fazer ao me ver, afinal, eu me considerava inocente no caso do assédio à estagiária. Tinha caído num golpe, armaram para cima de mim e eu não ia ser prejulgado por um bando de nerds babacas!

Me vesti correndo e parti rumo à Info-Estoque. Sem trânsito cheguei lá em vinte minutos. Entrei no elevador excitado e me irritei com a sua lerdeza. Tinha pressa para resolver de vez os meus problemas. Enfim o elevador chegou e eu parti célere em direção a minha ex-empresa, que dentro de instantes, eu tinha certeza, voltaria a ser minha. Esbaforido, mas cheio de confiança e argumentos, abri a porta da empresa e fui entrando, mas um funcionário desconhecido me barrou a passagem. O sujeito era enorme e vestia um terno novinho em folha com a logomarca da empresa na altura do coração.

— Por favor, o senhor tem algum documento? O senhor deseja falar com quem?

— Documento? Como assim? Eu sou dono dessa empresa!

— Desculpa, senhor, mas não pode passar, tem que deixar um documento... — O grandão tentava manter a boa educação, mas em seu olhar percebia-se que o fazia com um esforço sobre-humano.

— Eu sou sócio dessa josta! Você é que tinha que me mostrar seus documentos. — Passei direto pelo rapaz. Ele ficou supreso com a minha ousadia, mas ao mesmo tempo satisfeito por não ter mais que bancar o bem-educado.

— Que isso? Volta aqui! Nao pode entrar! — Segurou-me com o braço.

— Posso sim! — Livrei-me de seu braço.

— Não pode não! Tem que mostrar os documento! — Sem plural e sem modos, ele mostrava a sua face mais verdadeira. — Não pode entrar aqui assim não. Tem que seguir as norma, tá ligado?

— Que norma que nada! — Segui correndo pelos corredores da empresa, com o gigante gritando atrás de mim. Entrei na sala do Orlando, que já havia se levantado com a barulheira. Ao ver o meu sócio, o segurança estacou, aguardando ordens. Orlando indicou ao rapaz que ele podia me deixar ficar. O brutamontes não conseguiu esconder a sua decepção e voltou ao seu posto na porta da empresa.

Esperei alguns segundos para a minha respiração voltar ao normal e ataquei:

— Muito bom, seu Orlando, o senhor me tira da empresa dizendo que a empresa tá falida e agora tá até contratando segurança. Pra que esse gigante na porta?

— Pra não deixar pessoas como você entrarem.

— Você não ia fechar as portas?

— É, mas eu não fechei. Algumas coisas mudaram.

— E você esqueceu de me avisar?

— Não. Eu não quis te avisar.

— Mas agora eu já sei. E aí, como é que fica?

— Do mesmo jeito. Você tá fora da empresa!

— Peraí! Eu saí porque você ia fechar a empresa, mas, como você não fechou, fique sabendo que eu estou de volta.

— Não está não. — A tranquilidade de Orlando me irritava.

— Estou sim! Eu tenho os meus direitos!

— Que direitos? Você é sócio minoritário, acusado de assédio sexual e incompetente. Além do mais, me deve uma grana. A empresa está funcionando, mas eu tive que injetar dinheiro para pagar as dívidas. Aliás, nós temos mesmo algumas questões a tratar...

— Que questões?

— Como você vai me pagar? Em grana ou ações da empresa? E você tem que assinar alguns papéis, coisas de advogado...

— Eu não trouxe advogado e não quero saber dessas questões. A empresa está funcionando, então eu quero voltar a trabalhar aqui.

— Pra falar a verdade, ainda bem que seu advogado não veio. Eu já soube como ele se comportou na audiência do seu divórcio. Foi você mesmo que contratou aquele maluco?

— Olha, eu não tenho que te dar explicações sobre a minha vida particular. Eu estou aqui pra tratar dos nossos problemas. Eu mesmo me represento.

— É, mas os nossos problemas não podem mais ser tratados aqui. O local é outro, um parecido com aquele onde o seu advogado maluco fez escândalo. Aliás, eu espero que quando a gente for tratar dos nossos negócios ele se comporte de maneira mais civilizada.

— Eu quero resolver os nossos negócios aqui e agora!

— Ah, é? Então tá bom. — Orlando levantou-se de sua cadeira e se dirigiu a um arquivo. Não demorou muito para achar a pasta que procurava. Veio em minha direção e colocou a pasta em minhas mãos:

— Tá aqui, ó. Tudo que eu gastei pra levantar de novo essa porra dessa firma que você levou pro buraco! Soma isso tudo, divide por dois e você vai saber quanto é que me deve.

A minha raiva jorrou como lava de um vulcão. Joguei a pasta no chão e comecei a esbravejar.

— Eu não vou pagar porra nenhuma! Eu não te devo merda nenhuma!

As pessoas começaram a aparecer na porta para ver o espetáculo. Orlando me pedia para falar mais baixo, mas eu gritava cada vez mais. Então ele chamou o segurança.

— Jorge, por favor! — Ele não precisou chamar duas vezes, o armário estava à espera e surgiu como um raio na sala. — Você pode mostrar para o seu Moacir a saída da empresa.

O brutamontes assentiu e colocou as duas mãos nos meus ombros. Eu reagi tirando as mãos dele de cima de mim. O rapaz, então, as colocou novamente nos meus ombros e, tranquilamente, me empurrou sem muito esforço em direção à saída da empresa. Como eu não conseguiria lutar contra o enorme segurança, resolvi extravasar a minha raiva gritando mais impropérios pela empresa:

— Orlando, você é um filho da puta! Isso é golpe, você vai se ferrar comigo! Eu vou te foder, vou tirar cada centavo que você ganhou de herança do seu pai. Filhinho do papai!

Gritava para marcar alguma posição, tentando fazer pelo menos um gol de honra naquela goleada de humilhações. Fui aumentando o volume dos berros no caminho para a saída da empresa, gritando para os funcionários que eu conhecia e para alguns novos, que nunca havia visto por ali antes. A minha raiva foi crescendo e culminou com o brado final que soltei ao ser jogado para fora da empresa.

— Orlando, eu vou te matar!

Ainda praguejei por todo o meu percurso até a saída do prédio. Depois, xinguei em voz alta o meu sócio em plena avenida, atraindo os olhares dos passantes para mais um maluco falando palavrões no meio da rua. Mas ao sentar no ônibus, de volta para casa, a raiva por ter sido chutado para fora da minha própria empresa foi arrefecendo e se transformando em vergonha. Sentia-me sem forças. Voltei a ficar deprimido.

Em casa, caído diante da TV, agora sem cheesetos para me alimentar, fiquei um dia inteiro sem reagir. Não conseguia pensar em mais nada e então pensei em minha mãe. A gente sempre pensa na mãe nessas horas. Mas logo o meu cérebro enferrujado me fez ver que não dava para chamar por mamãe para me acudir. Minha mãe estava morta havia muito tempo, desde os meus 20 anos. Então pensei em meu pai. Ele devia estar vivo. Ele devia ter algum dinheiro para me emprestar. Mas eu não tinha nenhuma notícia do velho desde o dia em que brigamos feio e ambos juramos não nos ver nunca mais.

Eu e meu pai brigamos por causa da política. Na verdade sempre discutimos, por toda a vida, mas a gota-d'água foi a eleição do Collor. O velho era collorido de primeira hora e não havia uma ocasião em que não discutíssemos por conta disso. Toda vez que nos encontrávamos havia briga, ele não se conformava com a minha posição política de esquerda e o que sempre foi terrível para mim: abominava Marilda, para ele o suprassumo do hiperesquerdismo. E pior, Marilda sempre fazia questão de discutir política com o velho, e tinha a capacidade de deixá-lo possesso com suas argumentações saídas dos almanaques esquerdistas. E quando o Collor foi para o segundo turno contra o Lula, o meu pai passou do ponto.

— Sempre fui contra o seu casamento com essa moça. Ela é um tipinho muito esquisito. Uma hippie que não toma banho. E comunista!

— A Marilda não é comunista.

— Ela vota nesse barbudo, é claro que é comunista!

— Eu também voto no Lula.

— Por influência dela.

— Eu voto porque concordo com as ideias dele.

— Ideias de comunista! Foi essa, essa, essa... essa. — Ele pensou alguns segundos antes de proferir a palavra: — Foi essa vagabunda! Essa vagabunda que te convenceu a votar nesse barbudo.

— A Marilda não é vagabunda!

— É sim! É comunista e vagabunda!

— O senhor não tem o direito de chamar a minha mulher disso que chamou!

— De quê? De comunista ou de vagabunda?

— De vagabunda.

— Pois fique sabendo que pra mim é pior ser comunista do que vagabunda!

Foi esse o teor da discussão que deu fim a minha relação com o meu pai. Nunca mais falei com ele. Foi uma decisão tranquila, que parecia que eu queria tomar havia muito tempo. Ele ainda me procurou, achou que conseguiria me convencer a ficar do seu lado, que por uma questão de solidariedade à família eu iria me separar de Marilda. Mas eu exigi que ele se desculpasse, o que foi incapaz de fazer. Preferiu se distanciar.

Eu não sabia que anos depois, quando Marilda fosse para Brasília e logo em seguida me traísse com o chefe, eu teria gritado a frase de meu pai em alto e bom som, escandindo as vogais, sem nenhum escrúpulo:

— Comunista e vagabunda!

Pois é, após anos sem nos falarmos, eu e meu pai finalmente concordávamos com alguma coisa. E ali, em casa, deprimido, acabado, diante do espelho, eu vislumbrei uma saída para a minha vida, ou pelo menos alguém a quem pudesse pedir ajuda. Resolvi, depois de tantos anos, procurar meu pai.

* * *

Foi difícil achar o velho. Não o via nem tinha nenhuma informação sobre ele havia mais de dez anos. Podia imaginar como ele teria ficado revoltado com a eleição do barbudo, era assim que meu pai se referia sempre ao Lula, como se fosse um pecado pronunciar o seu nome. Procurei num caderninho antigo o número de seu telefone, liguei e, como já esperava, o telefone não era mais dele. Fui até o seu antigo apartamento, onde também morei, mas ninguém sabia nada de Rafael Stein, ele havia se mudado há anos e nem o porteiro nem ninguém por ali sabia dizer onde estava. O vizinho de porta, que o conhecia e era seu amigo, já havia falecido e seus filhos nunca mais ouviram falar do velho. Existia até a possibilidade de o velho não morar mais no Brasil; seria razoável ele sair do país, um autoexílio após a eleição do barbudo. Fiz as procuras de praxe, catálogo telefônico e Google. Nada no catálogo. No Google achei o seu nome em duas entradas, ambas sobre a tropa de choque do Collor, os pouquíssimos deputados que ficaram ao lado do ex-presidente até ele sair do governo "impichado". O nome do meu pai aparecia como fiel escudeiro de um dos deputados, ele sempre acompanhava o parlamentar, inclusive na notinha do jornal. Mas o seu endereço ou paradeiro não constavam na blogosfera. Lembrei de alguns parentes que também não via há anos e achei o nome de um deles no catálogo. Tio José, seu primo. Liguei. Ele atendeu. Depois dos cumprimentos de praxe, de parentes que não se viam há séculos e que sabiam que depois daquele telefonema ficariam mais alguns séculos sem se falarem, meu tio José deu a pista:

— Seu pai? Ih, a última vez que o vi ele estava morando na Lapa.

— Na Lapa?

— É, menino. Ele andou meio ruim de grana. Está morando num apartamento mínimo na Lapa.

— O senhor tem certeza?

Meu pai sempre teve dinheiro, sempre morou em bons apartamentos de classe média, era um engenheiro com um certo nome no mercado, estranhei morar num bairro que ele antes classificaria, com a cara enojada, de bairro de putas.

— É isso mesmo — o tio confirmou.

Mesmo sabendo que meu pai não estava em boa situação financeira, resolvi procurá-lo. Não sei nem bem por quê. Talvez ansiasse por ouvir a opinião de alguma pessoa próxima, alguém da família, e quem me restava era meu pai.

Fui até o endereço que meu tio me deu. Subi pelo elevador em péssimas condições com as paredes todas arranhadas e pichadas. Percorri um enorme corredor cujas paredes combinavam com as do elevador. Achei o apartamento, apertei a campainha, que não funcionou, então bati na porta. Meu pai atendeu sem muita demora, olhou para a minha cara e não demonstrou nenhuma surpresa ao me ver. Foi estranho, como se a última vez que tivéssemos nos visto tivesse sido na semana passada. Nenhum beijo, nenhum abraço, apenas um pequeno sorriso, um esgar.

— Ah, é você! Entra.

Ele parecia estar bem, rosto corado, aparentando saúde. Uma moça em trajes mínimos estava sentada no sofá da sala assistindo à TV. Ele se sentou ao lado dela, abraçou-a e apontou uma cadeira.

— Senta aí. Essa é a Jassiara. Esse é o meu filho, o Moacir.

— Prazer — a moça disse.

— Prazer — eu respondi. Tentava me adaptar ao ambiente e entender quem era Jassiara. Não consegui nem um nem outro. Meu pai também não explicou quem era ela, presumi que era uma espécie de namorada. O velho então desligou a TV, ato que Jassiara desaprovou fazendo uma careta e se levantando. Saiu da sala, foi para um outro cômodo que podia ser o quarto ou a cozinha. Assim que ela fechou a porta, ele falou comigo.

— Então você mudou de ideia e resolveu me procurar. E aí, abandonou a vagabunda?

Duro na queda. Essa característica de sua personalidade se manteve. Fez questão de acusar a sua vitória em nossa pendenga. Pensei em mais uma vez defender Marilda, só para retomar as discussões dos velhos tempos, para não perder o costume, da mesma maneira que fiz em nossa última discussão, mas logo lembrei que as circunstâncias haviam mudado e que eu tinha que concordar com o velho.

— Ela me abandonou.

— Ah, então o seu pai estava certo? — Dessa vez ele abriu um sorriso, escancarando a sua sensação de triunfo.

— É.

— Conta aí. — Ele queria saber detalhes, saborear a vitória.

Contei. Sem muitos detalhes, apenas o essencial. O velho ouviu atento.

— Eu sabia que isso ia acontecer.

— É — não consegui dizer mais do que isso.

— Então você me procurou. Certamente não foi pra me dar razão. Me procurou porque quer alguma coisa.

— É. — Eu não saía disso. Meu pai foi obrigado a adivinhar. E o fez, não era difícil.

— Olha, filho, pelo que você me contou, você não tem para onde ir e certamente me procurou para que eu lhe dê uma guarida. Infelizmente, pelo que você mesmo pode ver, eu não vou poder te ajudar...

— É, eu vi. Aqui não tem lugar, moram você e a Jassiara...

— A Jassiara não mora aqui.

— Não? Ela é sua namorada?

— Uma das.

— Tem outras?

Foi a vez de o velho contar o que aconteceu com ele. Soube então que um ou dois anos depois de nossa briga, a vida do meu pai mudou. Ele levou um golpe de seu sócio, aquele mesmo deputado da tropa de choque, que o deixou na merda. Sem dinheiro, ele podia ter me procurado para pedir ajuda, mas era orgulhoso demais, não seria capaz de viver às custas da comunista da minha mulher. Para ele seria melhor cair em desgraça. E ele caiu, foi piorando suas condições de vida cada vez mais, até que duas coisas aconteceram. A primeira, ele conseguiu se aposentar e assim ganhar uma merreca de aposentadoria, dinheiro suficiente para comer e pagar o aluguel desse apartamento na Lapa. E descobriu uma coisa que mudou a sua vida e o impediu de cair nas garras da depressão. Ele descobriu o Viagra.

— Descobri o poder do pau duro, meu filho! Não existe nada melhor do que conseguir ficar de pau duro. E aí eu encontrei a felicidade. Você pode achar que morando aqui nesse lugar eu estou triste, mas ao contrário, eu aqui sou muito mais feliz do que fui ao lado de sua mãe, e depois de viúvo, morando na zona sul. Aqui eu tenho tudo o que eu preciso: pau duro e boceta!

A expressão do meu rosto deve ter traído a minha indignação. Meu pai desculpou-se pelo palavreado chulo e tratou de se explicar.

— Essa minha aposentadoria não daria para nada se eu continuasse morando onde eu morava, mas aqui o aluguel é quase de graça e eu não preciso de muito para me sustentar. Com o dinheiro que sobra eu posso comprar esse remedinho milagroso e arranjar essas namoradinhas como a Jassiara. Aqui eu sou considerado milionário. Elas são baratinhas, eu não exijo muito, e as meninas daqui da redondeza sabem das coisas, se é que você me entende...

Meu pai continuou falando, mas eu não consegui mais prestar atenção em suas palavras. Ouvi aqui e ali menções ao remedinho dos céus, a maravilha azul, a pílula do milagre, pesquei no ar frases como "trepar é a minha cachaça" ou "se tivesse descoberto antes...", mas meus pensamentos já estavam longe, já tinham ido embora, deixando ali apenas o meu corpo, esperando uma brecha na conversa para me despedir. Tão absorto estava em meus pensamentos que nem percebi quando meu pai estendeu a sua mão em minha direção e me chacoalhou. Ele então conseguiu novamente a minha atenção para que eu respondesse a pergunta que já havia feito quatro vezes:

— E aí, dá ou não dá?

— Dá ou não dá o quê?

— Você não escutou nada do que eu te falei né?

— Claro que escutei, pai — menti.

— Então me responde: dá pra emprestar mil pratas pro seu velho ou não?

— Mil pratas?

— É, se der. Se não, pode ser quinhentos... sabe, é só um problema de fluxo de caixa, eu me enrolei esse mês, tive que ajudar a Jassiara, uns probleminhas lá da família dela...

Não respondi. Coloquei a mão no bolso e de lá tirei algumas notas amassadas, tudo o que tinha no bolso. Separei dez reais para mim e o restante, acho que uns trinta reais, se tanto, coloquei na mão de meu pai. O velho aceitou. Recebi seu abraço meio sem jeito.

— Obrigado, filho. Eu sei que é pouco, mas é de coração. Agora espera aí um pouco que eu vou te dar uma coisa. — O velho afastou-se e partiu em direção ao outro cômodo. Voltou com uma caixa na mão.

— Toma. — Ele abriu a caixa e tirou de dentro um revólver.

— Vou te dar um conselho, filho. Foi um sócio que me ferrou e é um sócio que está te ferrando. Esse negócio de sócio não dá certo. Nos negócios o que vale é a lei de Muricy: cada um cuida de si. Isso aqui é pra você usar contra o teu sócio. Não precisa atirar não. Basta assustar. Mas pode ficar tranquilo que um trabuco desses assusta pra valer.

Meu pai colocou a arma em minha mão.

— É uma 38. Cuidado que está carregada — avisou.

Peguei o revólver com cuidado e o examinei. Era prateado e com o cano curto. Achei ele bonito. Não conheço nada de armas, mas pelo peso dava para ver que não era de brinquedo. Ainda meio sem jeito coloquei de volta na caixa com cuidado. Parti com a caixa na mão.

* * *

Na portaria do prédio de meu pai demorei algum tempo para me lembrar que estava na Lapa. Então, saí andando sem rumo certo. Caminhava trôpego, carregando a caixa que recebi de presente de meu pai. Quando me dei conta, estava na avenida Rio Branco. Sem pressa, percorri vários quarteirões até chegar à avenida Presidente Vargas, em frente à igreja da Candelária. Fiquei olhando para a igreja por muito tempo, mas nada via em minha frente. Ainda atordoado, resolvi que ia voltar para casa. Procurei um ponto de ônibus e entrei no primeiro que parou. Sentei-me num banco e depositei a caixa em meu colo. Quando meus olhos saíram da nuca do rapaz a minha frente e se dirigiram para a janela, não reconheci o local em que estava. Era algum subúrbio distante, um bairro muito pobre de periferia. Na certa havia pegado o ônibus do lado errado da avenida Presidente Vargas. Levantei-me assustado e saltei no primeiro ponto. Não sabia onde estava. Comecei a andar pelo bairro popular em busca de uma condução que me levasse de volta ao centro. Todos os ônibus que passavam iam para bairros distantes. Procurei por alguma referência: avenida Brasil, Suburbana, qualquer rua ou placa com algum nome conhecido. Nada, estava perdido mesmo. Continuei andando. A cada metro a palavra que designava aquela localidade mudava. De bairro para comunidade, logo para favela. Por minha perturbada cabeça não passava nada, só a ideia de seguir em frente, entrando cada vez mais nas profundezas da favela. Talvez fosse uma espécie de instinto suicida me guiando. Será que valia mesmo a pena voltar para casa? Fazia algum sentido voltar a minha vida de merda? Será que essa era a minha chance de dar cabo da minha situação? Se não conseguia tirar a minha vida com um revólver ou uma faca, ou colocando a cabeça no forno, que tal entrar numa perigosa favela da zona norte para ser pego por traficantes? E, quando eles descobrissem o que havia dentro da caixa que eu carregava, na certa acabariam comigo. Comigo e com todos os meus problemas! Tudo conspirava a favor desta inédita forma de suicídio, que só era possível em megalópoles ultraviolentas do Terceiro Mundo. E então, depois de meia hora andando, uma menina passou correndo por mim. Vestia uniforme de escola pública. Estava enrolada com seus livros e cadernos, que tentava colocar na mochila. Provavelmente estava atrasada para a escola. Lembrou-me de minha filha, que fazia o mesmo malabarismo todas as manhãs, sempre atrasada para a escola. Adolescente é sempre igual, não importa a classe social, foi o que me veio à cabeça, e eu dei uma risada. E foi essa risada que me arrancou daquele devaneio pseudossuicida. Aquela risada que me fez perceber a bobagem que estava fazendo. Num instante, dei meia-volta e acelerei um pouco o passo, agora com o intuito de sair dali o mais rápido que pudesse. Procurei não correr para não chamar muito a atenção, mas andava com pressa. Consegui sair da favela e acabei chegando a uma rua larga e movimentada. Então, quase como por milagre consegui vislumbrar um ônibus que ia para a Central do Brasil. Corri o mais que pude e consegui alcançá-lo. Pulei para dentro do veículo já em movimento. Ofegante, sentei-me num dos poucos lugares vazios. Pensava em Anita, que lá longe, em Brasília, nem desconfiava que havia salvado o pai do suicídio mais idiota já praticado. Acabei adormecendo, não sei por quanto tempo, só me lembro de ter acordado com um cutucão do sujeito ao meu lado. O cara era magrinho, mas sabia fazer cara de mau quando um desconhecido dormia com a cabeça apoiada em seu ombro. Assustado, acordei.

— Porra, meu irmão, babar no ombro é foda! — O magrinho limpava a camisa no lugar onde a minha cabeça estivera pousada. Fiquei sem saber o que fazer. Olhei para fora do ônibus e percebi que já estávamos no centro da cidade. Levantei-me. Preferi sair do ônibus a ficar me explicando pro magrinho da poltrona ao lado. Também não lembrei naquele momento que carregava uma caixa com um revólver. Já fora do ônibus ainda escutei um último grito do sujeito pela janela:

— Boiola! Vai babar na casa do caralho!

Logo descobri que havia saltado do ônibus nas imediações da Central do Brasil. Entrei no camelódromo que havia em frente à estação, uma espécie de feira livre onde se vendia de tudo, desde comida até eletrônicos. Segui pela feira, que era enorme, passando por bancas de bebidas, de CDs piratas, de roupas, de aparelhos de som, nenhuma mercadoria me atraía, caminhava em direção ao outro lado da avenida, onde poderia pegar uma condução para a zona sul. Saí da feira e prossegui caminhando a esmo pelo centro, passei direto pelo ponto do ônibus que me levaria para casa e, quando dei por mim, estava longe, mas o local era conhecido. Logo me dei conta de que talvez por força do hábito havia caminhado sem perceber até o prédio onde ficava o escritório da Info-Estoque.

Não tive nenhuma dúvida: resolvi subir. Foi uma decisão tão rápida que, quando vi, já estava dentro do elevador. Só quando cheguei à porta da Info-Estoque me lembrei que tinha uma caixa com um revólver nas mãos. Aquela era a oportunidade que precisava. Eu agora poderia assustar o meu sócio, como meu pai me aconselhou. A minha discussão com Orlando se daria num outro nível!

Olhei para o relógio. Eram oito horas. Por alguns segundos temi ter chegado tarde demais, o expediente parecia já ter acabado. Olhei pela porta de vidro fechada e não avistei ninguém lá dentro. Decepcionado, pensei em ir embora, mas, antes de desistir de minha nova investida, resolvi dar um pequeno empurrão na porta, só para testar. E então ouvi um clic. A porta não estava trancada. Entrei na Info-Estoque. A empresa parecia estar vazia, não ouvia nenhum barulho. Segui pelo corredor por alguns metros e logo percebi que a luz da sala de Orlando estava acesa. Sorri, imaginando que meu ex-sócio devia estar ali trabalhando até tarde. Era justamente o que eu queria, encontrar Orlando sozinho, sem ninguém para assistir a nossa discussão, sem um segurança brutamontes para intervir e me jogar para fora da empresa a pontapés. Segui caminhando na ponta dos pés, em direção à sala iluminada. Mas, antes de entrar na sala de meu ex-sócio e resolver de uma vez por todas as nossas pendengas, resolvi que era preciso pensar um pouco mais em minha abordagem. Entrei em minha antiga sala, acendi a luz, encostei a porta. Sentei na cadeira que já havia sido minha um dia. Não sabia se agiria de maneira rude ou calma, se entraria mostrando logo o revólver ou se o apresentaria apenas quando Orlando endurecesse a discussão. Logo elaborei um plano. Entraria na sala com a arma escondida para examinar a situação, e só quando tivesse certeza de estar sozinho com Orlando sacaria o revólver. Levantei-me e coloquei a arma na parte de trás da calça, como havia visto em milhares de filmes policiais. Respirei fundo, contei até três e parti. Assim que abri a porta de minha sala e entrei no corredor da empresa, mudei de ideia. Joguei meu pequeno plano fora, peguei a arma e fui com ela na mão em direção à sala de Orlando. Entrei apontando a arma para a mesa de trabalho de Orlando. Mas a cadeira estava vazia. Num primeiro momento achei que, ao contrário do que imaginava, meu ex-sócio não estava na empresa, trabalhando até tarde. Dei alguns passos dentro da sala e logo descobri que eu não havia me enganado. Orlando estava na Info-Estoque sim. E estava sozinho. Só não estava trabalhando. Meu ex-sócio jazia no chão, deitado de costas em cima de uma enorme poça de sangue. Tomei o maior susto da minha vida. Meio abobado, gritei:

— Caraca Orlando! O que aconteceu?

Se ele pudesse responder, teria dito:

— Eu tô morto, porra!

Eu não sabia o que fazer. Me aproximei do corpo de Orlando, abaixei-me e tentei virá-lo. Mal consegui movê-lo, o corpo era muito pesado. Nervoso, eu não sabia o que fazer. Suava muito. Comecei a andar de um lado para o outro da sala sem ter a menor noção de qual atitude tomar. Foi então que ouvi um barulho. Alguém com certeza havia entrado na Info-Estoque. Comecei a tremer, não sabia como explicar a minha presença ali com um revólver na mão. Larguei a arma na mesa, mas logo pensei nas impressões digitais e a peguei de novo. Fui até a porta, olhei para fora da sala e não vi ninguém. A minha reação instintiva foi sair correndo. Cruzei o corredor da empresa em direção à porta de entrada. Quando passei por minha antiga sala, percebi que havia gente ali dentro, mas não olhei, continuei correndo. Logo ouvi um barulho vindo de trás, só ouvi os gritos:

— Parado aí! Polícia!

E então escutei outro sujeito gritando:

— Caralho! Tem um cara morto aqui!

Já havia começado a minha fuga, não podia mais parar. Corri como nunca em direção às escadas do prédio. Só pensava em me livrar da arma que não havia sido do crime, mas que, em minha cabeça, me incriminava. Na escada avistei uma lixeira, consegui abri-la e jogar o revólver. Continuei descendo a escada de dois em dois degraus, de três em três, de cinco em cinco. Precisava sair rápido dali, mas meu preparo físico não ajudava. Logo comecei a cansar. Minha respiração foi ficando cada vez mais difícil. Comecei a diminuir a velocidade. Agora já descia de degrau em degrau, com as pernas bambas. Não durou muito tempo a minha fuga. Extenuado, eu não conseguia nem falar quando os policiais me alcançaram ainda na escada e, num movimento muito rápido, colocaram as minhas mãos nas costas e me algemaram. Só alguns minutos depois de capturado, quando parei um pouco de ofegar, consegui falar o que deveria ter dito na sala de Orlando:

— Eu não matei ele! Quando eu cheguei, ele já estava morto!

Os cheiros da prisão

Fui arrastado até um camburão estacionado na porta do prédio. Os meus gritos serviram apenas para alertar a vizinhança de que algo diferente estava acontecendo. Foi aquele vexame maneiro, as pessoas se juntaram para ver a cena que seria o principal assunto de todas as rodas de conversa naquela região do centro da cidade no dia seguinte. Em troca de parar com a gritaria, consegui convencer os dois policiais a, pelo menos, não me algemarem. Mas os meus argumentos não foram suficientes para evitar que eles me acertassem uns dois ou três tabefes, acho que eles não conseguem prender ninguém sem umas cacetadinhas.

Me jogaram dentro do camburão e eu descobri que o interior dessas viaturas é muito menor do que imaginamos. Lá dentro já havia um sujeito preso, que, ao contrário de mim, estava algemado. Procurei não olhar muito para ele, evitei encará-lo, mas ele não tirava os olhos de mim. O carro partiu cantando pneu. Sacolejando na caçapa da viatura, eu tentava olhar para a frente, forçava os meus olhos a não cruzarem com os do bandido, mas não consegui.

— Calma, mauricinho, eu tô preso, o que é que eu posso fazer contra você?

— Nada. — Procurei me adaptar em tempo recorde a meu novo ambiente. Falar pouco, sem olhos nos olhos e, principalmente, sem choro. O rapaz continuou puxando assunto:

— O que é que tu fez, mauricinho?

— Nada.

— Tudo bem, eu também não fiz nada, mas tô aqui. Aliás, lá aonde a gente vai, ninguém fez nada...

— Eles acham que eu matei um cara.

— E foi tu?

— Não.

— Pois é, eles também acham que eu matei um.

— Tu também é inocente?

— Não, fui eu mesmo que matei o filho da puta! Matei e matava de novo. Mas isso eu tô dizendo pra você. Pros canas eu sô inocente.

— O marginal desatou então a rir e eu me vi obrigado a rir junto. Então, de repente o sujeito parou de rir.

— Peraí, por que tu não tá algemado?

— Eu pedi pra eles não me algemarem.

— Tu pediu e eles toparam? Estranho pra caralho! Por que tu tá aqui, ô mauricinho?

— Já falei, eles acham que eu matei um cara.

— Tu já falou, mas ainda não disse. Eles acham que tu matou o cara por causa de quê? Parada de pó?

— Não, eu não cheiro. Eu não matei ninguém!

— Caralho! Tu não matou ninguém e não cheira! O que tu tá fazendo aqui?

— Não sei, foi um engano...

— Tu não tá aqui disfarçado pra estudar a bandidagem não?

— Não.

— Tu tá fazendo reportagem denúncia?

— Não.

— Tu não é da Globo, da Record, da Band?

— Não.

— Tu tá com câmera escondida?

— Não.

— Nem enfiada no rabo?

— Não.

— Que que tu tá armando, ô mauricinho?

— Não tô armando nada. Os caras tão dizendo que eu matei o meu sócio. Mas eu não matei ninguém!

— Maneiro! Acerto de contas entre sócios! Maneiríssimo! Coisa fina pra caramba! Agora eu entendi!

— Eu não acertei contas com ninguém.

— Bacana, bacana...

— Eu não matei ninguém!

— Aí, o Osamão também tá querendo acertar umas contas aí.

— Osamão?

— É, o chefe, o zero um lá do morro. Ele também tá querendo detonar um sócio, quer dizer, ex-sócio. Tá pensando que a gente é pouca merda? A gente também detona o sócio! Maneira essa parada! Mas a gente não foi feliz como você, nós ainda não conseguiu pegar o cara. Eu só consegui pegar um merdinha do bando dele.

— Foi esse que você... — me arrependi da pergunta, mas o bandido entendeu.

— Foi esse sim, foi esse mané que eu matei. O sócio de verdade ralou pé. E os canas chegaram. Agora eu tô aqui...

O marginal se deu conta de sua situação e ficou pensativo. Ficamos em silêncio por alguns minutos dentro do camburão, mas logo o bandido retomou a conversa:

— Tu tem cara de quem trabalha, né?

— É, trabalho.

— Tu trabalha com quê?

— Trabalho com computadores.

— Maneiro... — O marginal pensou um pouco: — Vem cá, tu manja de um tal de Sony Vaio?

— Manjo.

— Isso presta?

— Claro, é muito bom.

— Tu sabe mexer nessa parada?

— Sei.

— É que a gente acabou de roubar um caminhão cheio dessa parada de Sony Vaio. Aí o Osamão ficou interessado nessa tal de informática...

Nesse ponto da conversa o carro parou e alguns segundos depois a porta abriu. Dois guardas nos agarraram e nos puxaram para fora do camburão. Um dos policiais cruzou meus braços nas costas e começou a me empurrar com cutucões de cassetete para dentro da delegacia. Comecei a gritar, um misto de dor e revolta com os maus-tratos que me infligiam sem que eu tivesse feito nada que justificasse aquele tratamento. Mas essa não era a opinião dos policiais que me prenderam.

Entrei na delegacia gritando que não tinha matado ninguém, que era inocente, um clássico. A cara de enfado do delegado mostrava quantas vezes ele já tinha visto aquele filme. Os policiais que efetuaram a minha prisão explicaram a situação, não deram muitos detalhes, só disseram que me encontraram na cena do crime e que eu fugi. A cara do delegado não mudou muito. Vi que precisava mudar o roteiro e escolhi uma outra fala de filme B:

— Eu quero falar com o meu advogado.

— Toma. — O delegado esticou a mão e me entregou o telefone, com a mesma cara de enfado, um script já cansado.

Então me dei conta de que não sabia para quem ligar. Gritei só por gritar, sabia que alguma reação era esperada de mim e só me lembrei de gritar por um advogado. Não contava com um telefone a minha disposição com tanta presteza. Meu velho problema voltou, eu não tinha advogado. Liguei para Neco.

— Neco, você precisa me ajudar! Eu fui preso, preciso de um advogado.

— Porra, tu foi preso? Onde?

— Na Info-Estoque.

— Caralho! O que que tu fez?

— Eu não fiz nada! Alguém matou o Orlando e tão achando que fui eu.

— Tão achando que foi você que mandou matar?

— Não, que fui eu que matei. Neco, depois eu te explico. Agora eu preciso de um advogado.

— Vou ligar pro Alvarenga.

— Não, esse cara não! Arruma outro.

— Que outro? Eu não conheço...

— Dá um jeito, mas, pelo amor de Deus, arruma um cara pra me tirar daqui!

Desliguei. O delegado pegou o fone preguiçosamente de minha mão.

— O senhor pode esperar por seu advogado nas instalações lá de trás. — O delegado acenou lentamente para um guarda, que entendeu o recado e prontamente cumpriu a ordem. Segurou no meu braço e me conduziu por uma porta de ferro. Assim que a porta se abriu, um burburinho foi crescendo até se tornar insuportável. Era um coro de vozes de dezenas de presos que se amontoavam na pequena carceragem da delegacia. Comecei a gritar novamente que era inocente, que não tinha matado o Orlando, mas ninguém podia ouvir, todos gritavam ao mesmo tempo.

— Eu sou inocente!

— Me tira daqui, seu guarda!

— Eu não fiz nada!

— Eu não matei ninguém!

Esses gritos não eram meus. Eram dos presos, que pelo jeito eram todos vítimas de erros judiciais. Percebi que não adiantava gritar mais. Calei-me e aceitei a minha sina. A ideia de que eu caberia em qualquer daquelas celas apinhadas contrariava as leis da física, mas Einstein dançou legal quando o guarda me empurrou para dentro de uma delas e depois com algum esforço fechou a porta gradeada. Tratei de me deslocar para o fundo da cela, ou talvez tenha sido obrigado pelo amontoado humano a fazê-lo, e acabei encostado em um canto da parede, onde além de espremido tinha que suportar um cheiro horroroso. Logo descobri que o futum provinha de um outro amontoado que havia na cela, um bolo de cocô, é isso mesmo, fezes humanas, que jaziam aos meus pés. Logo entendi que, como novato na cela, e sem proteção, fui designado pelo coletivo a me instalar perto do boi, o local onde os presos faziam as suas necessidades na cela. Eu era o guardião do cocô, o pior lugar da cela era o meu. Quando achei que havia chegado ao fundo do poço e que o fundo do poço ainda por cima era um lugar cheio de merda, vi que a vida sempre pode piorar. Eu ainda me lembro até hoje do cheiro, não do cocô, mas do sujeito que se esgueirou entre os presos aproximando-se de mim. O cheiro do cara era inesquecível, era o sujeito mais fedorento que eu já havia visto, ou cheirado, no caso. Deixava fácil o cheiro da bosta, a meus pés, para trás. Depois de alguns minutos de locomoção dentro da cela superlotada, o mau-cheiroso chegou a meu lado.

— Novo aqui? — perguntou, apresentando o seu bafo. Desmaiar estava fora de cogitação, não se desmaia por nojo numa cela cheia de marginais, não é considerado de bom-tom. Segurei as pontas, tentando não respirar. O cara insistiu.

— Nunca te vi aqui.

Avaliei rapidamente que eu estava sendo cantado pelo fedorento. Além do cheiro, que era quase uma arma, o cara ainda era grande, mais forte do que eu, e com cara de estar mal-intencionado, uma maneira educada de dizer que ele estava a fim de me comer. O cara também começou a me avaliar fisicamente, percebendo rapidamente que eu era mais fraco que ele e tomara banho no último mês. Ele certamente sacou que eu poderia ser a sua mulherzinha na cela, e eu tratei de colar a minha bunda na parede.

— Algum problema? — foi o que consegui dizer.

— Se você cooperar, não vai ter nenhum problema. — O sujeito se aproximou mais. Minha resolução de não desmaiar quase foi por água abaixo. Vomitar também era uma possibilidade que eu tentava com todas as minhas forças evitar. Então, enquanto eu tentava não respirar, não vomitar e ainda conter com as minhas parcas forças a tentativa do fedorento de tirar a minha bunda da parede, ouvi uma voz:

— Que que tá rolando aí, ô Fedor de Cu?

Fedor de Cu era o nome do meu oponente. Ele ouviu a voz e imediatamente me largou.

— Nada não, tô só levando um lero com o novato. — Fedor de Cu conhecia e respeitava o dono da voz. Com o fedorento um pouco mais afastado, consegui respirar e pude ver a cara do meu salvador. A única coisa que pensei naquele momento foi que, se fosse para ser comido ali naquela cela, que pelo menos fosse por um cara mais perfumado. Eu me sentia como uma donzela que encontra o seu príncipe. Mas esse pensamento foi muito rápido, também não é de bom-tom se sentir como uma donzela numa cela apinhada de marginais, principalmente quando você nunca havia pensado antes em virar homossexual. O sujeito se aproximou mais e empurrou o fedorento.

— Sai fora, Fedor de Cu! Vai pra longe daqui!

Emburrado, Fedor de Cu saiu abrindo passagem entre os presos. Ainda olhou para mim, dizendo com os olhos: "Não pensa que eu desisti não!"

O outro marginal se aproximou. Era o meu companheiro da viagem de camburão.

— Aí — ele falou. — Ainda bem que eu cheguei, né, malandro! Senão o Fedor de Cu ia te pegar de jeito. Quer dizer, a não ser que você goste dessas paradas e eu esteja atrapalhando...

— Não, de jeito nenhum! Obrigado — apressei-me em confirmar meu agradecimento.

— Fica tranquilo que eu tô na tua cola, nada vai rolar contigo aqui. O chefe ficou satisfeito quando eu contei a ele que tinha te conhecido. Ele agora tá a fim de aprender a mexer com computador. Agora a gente quer ser traficante informatizado, morou! Moderno pra caralho! Deixa eu falar com o chefe.

O marginal tirou um celular do bolso.

— Nossa, você tem um celular aqui dentro! — exclamei surpreso, e o traficante nem se deu ao trabalho de explicar algo tão óbvio nas carceragens brasileiras. Teclou alguns números.

— Aí, chama o Osamão aí. — Esperou um tempo. — Aí, Osamão, tu não sabe quem tá aqui na tranca comigo. O Bill Gates! É, ele mermo. Quer falar com o cara? — Ele me passou o celular.

— Alô, Bill Gates?

Descobri então que naquele mundo ali eu já tinha nome. Assim como o Osamão e o Fedor de Cu, eu também tinha a minha alcunha. Eu era o Bill Gates.

— Sou eu mesmo. — Assumi com orgulho o meu novo apelido.

Fiquei até alta madrugada no celular ensinando noções básicas de excell para um traficante chamado Osamão, um entusiasta dos computadores. O celular era a minha salvaguarda. Enquanto eu fosse o Bill Gates, professor de informática do Osamão, o meu rabo estaria a salvo do Fedor de Cu.

Não dormi naquela noite. Mesmo depois que Osamão resolveu encerrar a sua primeira aula de informática, eu permaneci acordado, esperando a qualquer momento a visita inoportuna do Fedor de Cu. A sorte, pensei, é que o meu oponente se denunciava pelo futum. O meu nariz trabalhou a noite toda, respirando forte, procurando sentir a aproximação do fedorento, mas ele não tentou nada. Com o dia já clareando, fui cutucado por um celular.

— Aí, acorda, que o Osamão tá querendo falar contigo.

Nem tentei explicar que não havia dormido nem um minuto. Peguei o celular e parti para mais uma sessão de explicações. O Osamão estava tão entusiasmado com o seu novo brinquedinho que passara a noite toda brincando com o laptop e agora, de manhã, ele já tinha uma lista renovada de dúvidas e comentários a fazer. Conversei com ele por, pelo menos, meia hora, tentando não perder a paciência ao repetir pela vigésima vez a mesma explicação para o traficante. Toda vez que eu pensava em xingar o sujeito de burro eu imaginava a sua cara e o motivo para ter aquele apelido e, principalmente, lembrava do cheiro do Fedor de Cu, que a 5 metros de distância continuava a minha espreita. Eu respirava fundo e repetia a explicação ainda mais explicada. No entanto, era difícil tentar ensinar pelo telefone noções de informática para um sujeito sem nenhuma formação, mesmo sendo ele um dos alunos mais dedicados do mundo. O cara era paciente à beça, mas é claro que não conseguia seguir algumas de minhas orientações. E, quando isso acontecia, ele me xingava e eu tentava acalmá-lo. A situação ao celular também estava ficando complicada, eu já estava prestes a desistir, mandar o Osamão à merda e aguentar o tranco do assédio do Fedor de Cu, quando um carcereiro chegou até a porta da cela e gritou algo. Não entendi direito o que ele gritou, já que uma cela com cinquenta detentos espremidos num espaço feito para cinco pessoas não é o local mais silencioso do mundo.

— O que ele falou? — perguntei pro meu protetor.

— Tá chamando alguém.

— Quem?

— Acho que é um tal de Frankstein.

— Frankstein? Você conhece?

— Não, mas deve ser um monstrão, um cara feio pra cacete.

Pensei um pouco.

— Você tem certeza que é Frank o primeiro nome dele?

— Não, não deu pra ouvir direito, só ouvi que o final é Stein.

— Então sou eu!

Falei rápido pro Osamão que eu precisava sair, que estava sendo chamado pelo delegado, devolvi o celular para o meu amigo e saí me esgueirando entre os marginais em direção à voz do guarda, que continuava gritando o meu nome.

— Moacir Stein sou eu! — respondia pelo caminho.

Cheguei finalmente até a porta da cela e repeti quem eu era.

— Moacir Stein sou eu.

— Pode sair.

Ele abriu a porta e, em meio ao tumulto, eu consegui sair. No corredor da prisão, sem ter vários corpos suados me tocando, já me senti melhor. O guarda me levou até a sala do delegado, onde estavam o Neco e o jovem advogado brilhante que eu havia esnobado no escritório do Nestor.

— Oi, Moa, eu trouxe um advogado.

— Rogério Alencar Junior, do escritório do...

— Eu lembro de você, Junior — interrompi o rapaz.

— Eu trouxe uma petição para que o senhor seja transferido para uma prisão especial, já que é formado, tem nível superior.

— Eu não tenho que ir pra prisão nenhuma! Eu tenho que ir pra casa, eu não matei ninguém! — Não entendia por que não podia me livrar da prisão.

— Olha, seu Moacir — o rapaz tentou explicar —, o nosso escritório acredita em sua inocência, mas tivemos pouco tempo... o seu caso é um pouco complicado... o máximo que conseguimos por enquanto foi a prisão especial.

Puxei Neco num canto, falei baixinho.

— Porra, Neco, tu não tinha um advogado melhor pra arrumar não?

— Não tinha, só esse ou o Alvarenga. — Neco estava meio sem paciência, talvez por ter me feito um favor que eu não agradecia. — Você queria o doidão? Queria que ele cheirasse de novo o seu dinheiro e te botasse na merda de novo? Mas se tu não tá satisfeito, tudo bem, eu mando o rapaz pra casa e tu volta aí pra cela comum.

— Não! — eu me apressei a discordar. — Tudo bem, tudo bem... Eu fico com o moleque mesmo.

O jovem advogado aproximou-se.

— Nós vamos tirá-lo da prisão, mas é preciso ter paciência. O juiz decretou que há necessidade de esperar o julgamento na prisão. Graças a Deus, como o senhor tem nível superior, nós conseguimos a prisão especial. — O rapaz então me sorriu como quem dizia "tá vendo, seu babaca, tu não levou fé em mim, eu sou recém-formado mas sou foda!".

Olhei para o rapaz em silêncio, mas a minha expressão dizia claramente "continuo não acreditando que foi você que conseguiu isso".

— Vocês vão cuidar do meu caso? — perguntei.

— Sim. Eu serei o responsável pela sua defesa.

Eu não disse nada. Não disse ao Junior que não confiava nem um pouco em sua habilidade de advogado, nem disse que achava que ele não passava de um estagiário, e que eu apostava que a sua única tarefa em meu caso foi ir à delegacia entregar a petição. Fiquei encarando o Junior enquanto pensava isso tudo e ele retribuiu com um sorriso meio bobo que durou mais tempo do que deveria. Até que o delegado se aproximou e disse:

— E aí, vamos?

Junior e Neco me acompanharam até a viatura. Entrei no camburão e saí daquele pesadelo.

* * *

Passei dois meses na prisão especial, preso numa espécie de quarto de hotel vagabundo, mas bem mais confortável do que a carceragem superlotada da delegacia. Eu dividia a cela com apenas uma pessoa, um sujeito bem mais agradável que o Fedor de Cu. O Salles era advogado, e fazia questão de estar sempre bem-vestido, e muito perfumado. Eu parecia estar predestinado a conviver com cheiros. O cara estava ali por ter virado sócio de alguns de seus clientes, todos traficantes de alto coturno. Salles era um desses caras difíceis de não simpatizar, ótima conversa, muito bem-informado e como eu já disse, mas não custa repetir, muito perfumado. É bom ressaltar esse detalhe odorífero porque, durante os dois meses que convivi com o Salles, o meu nariz trabalhou como nunca, mas eu nunca falei nada. O perfume do advogado certamente era de excelente procedência, provavelmente francês e caríssimo, não dava para reclamar. Principalmente depois de passar uma noite sendo assediado por um bandido cuja alcunha era Fedor de Cu.

Durante todo o tempo que convivi com o Salles, nossas conversas eram invariavelmente interrompidas pela campainha de um celular, que ele sempre atendia e então permanecia por horas em conversas de negócios. O celular era apenas uma das regalias que o advogado conseguiu na prisão especial. O cara tinha amigos poderosos, e, segundo ele, sua permanência ali era provisória, a todo momento ele me repetia que sua detenção foi apenas um acidente de percurso, um transtorno que já estava sendo resolvido. Bom, pelo menos nos dois meses que passei ali, o problema continuou e ele permaneceu preso. Enquanto não resolvia como sair dali, Salles ia angariando privilégios, sua cama era bem mais confortável que a minha, ele tinha uma geladeirinha sempre abarrotada de refrigerantes, frutas e queijos, e é claro, uma TV. Nós nos demos bem logo no primeiro dia, e não por minha causa. Foi o Salles que resolveu que seria meu amigo, contanto que eu não atrapalhasse os seus negócios. De vez em quando ele me oferecia um refrigerante, um pedaço de queijo suíço ou mesmo uma borrifada de seu perfume, mas eu educadamente recusava. Mas duas ofertas que ele me fez eu aceitei de bom grado. A primeira foi a TV, que ele me deixou compartilhar, desde que eu assistisse ao canal de sua escolha. Mas como o advogado passava longos períodos do dia às voltas com o seu celular, eu praticamente tomava conta do controle remoto. E o segundo oferecimento do Salles que eu aceitei foi uma coleção de revistas de mulher pelada, que eu usei sem moderação pelos dois meses que ali estive hospedado. Voltei a exercitar a minha calejada mão pelo menos duas vezes por dia. Confesso que cheguei a me apaixonar pela Karina, assim mesmo, com K, a moça do pôster central de uma das revistas, uma catarinense que, como dizia no texto de apresentação, adorava homens que a fizessem rir. Contei-lhe algumas piadas e ela gostou de mim, tanto que mantivemos relações por quase todo o tempo em que estive preso ali, só terminamos porque o pôster central acabou rasgando num dia em que me entusiasmei um pouco mais. Mas afora Karina, e uma loura de uma *Playboy* americana chamada Misty, que a substituiu, eu passava o meu tempo quase todo em frente à TV, onde via a programação até a madrugada. Mesmo sem ter um relógio, eu não precisava do Rolex do Salles para saber as horas, sabia pela programação da TV.

* * *

Quase não falei com o Neco desde que cheguei à prisão especial. Com 15 dias de detenção recebi uma carta dele. Em menos de dez linhas, ele dizia que não tinha se esquecido de mim não, que era só ter paciência que eu ia sair dali. Neco não falou em me visitar, mas eu não esperava que aparecesse, conhecia a figura, sabia que o meu amigo não iria a um lugar onde se sentisse mal. Com um mês, ele mandou mais uma carta. Era igualzinha à primeira. Juro que eu cheguei a comparar as duas cartas, achando que o puto tinha tirado uma xerox. Depois ele sumiu, não me visitou, não telefonou, não mandou nem um rabisco num papel de pão.

Depois de dois meses trancafiado, cansei do silêncio e resolvi que precisava contatar o Neco, para saber da minha situação. Pedi o celular do Salles emprestado, que a contragosto cedeu, contanto que eu não demorasse, pois esperava uma ligação importante a qualquer momento.

— Porra meu irmão, há quanto tempo! Tá sumido hein! — foi assim que Neco atendeu o telefone. E riu desbragadamente.

— Tu é mesmo um filho da puta! Eu aqui na merda e tu aí me sacaneando.

— Calma, mané, eu não ia te sacanear se não tivesse boas notícias pra te dar.

— Se tu tem boas notícias, por que não me procurou pra falar? — Em menos de um minuto de conversa, Neco já tinha me deixado puto.

— Calma, fica frio. Você acha que eu não ia te falar? Eu ia te ligar, mas você ligou primeiro. Eu ia justamente te dizer que tu vai sair daí!

— E quem vai me tirar daqui?

— O Junior pediu um habeas corpus pra você sair daí e ele tá confiante que vai rolar.

— Confiante baseado em quê? Na vasta experiência do estagiário? Porra, fala sério!

— Mas tu cismou mesmo com o cara. Qual é a tua, Moa? Fica tranquilo que o cara vai conseguir.

— Bom, pelo menos ele tem um escritório grande por trás, que pode ajudar...

— É... quem sabe...

— Como assim quem sabe?

— Não, é que o Nestor ficou meio puto porque você se mandou do escritório dele, ele nem tava a fim de continuar com o teu caso, disse que te tirou da pior, da prisão comum, e que já tinha feito o que podia fazer por você. Foi o Junior que se empolgou com o seu caso e acabou convencendo o Nestor a continuar contigo, mas acho que tu não tá muito bem posicionado na agenda do Nestor.

— Então quer dizer que quem tá lidando com o meu caso é o estagiário?

— O cara não é mais estagiário, é advogado júnior.

— Ah, o Junior é júnior! E ele vai disputar o campeonato mundial subvinte? Grande promessa! O Milan já fez um pré-contrato com ele? Já vi que vou mofar aqui até o julgamento. E depois também!

— Calma, rapaz, fica tranquilo, vai dar tudo certo.

* * *

Minha rotina ali na prisão especial era basicamente ver TV e bater umazinha, às vezes acumulava quando via programas eróticos na madrugada. As conversas com meu companheiro de cela rarearam com o tempo e, quando aconteciam, os temas não variavam muito, geralmente amenidades, quase sempre futebol, ambos torcíamos para o Fluminense. O Salles era enturmado na diretoria, conhecia detalhes sobre todas as jogadas do clube, não as dos jogadores, essas todo mundo conhecia, ele sabia das jogadas dos dirigentes, quem levou grana em que transação, quem se deu bem, quem roubava mais e quem roubava menos. Salles contava muitas histórias, mas qualquer pessoa, mesmo um cara ingênuo como eu, desconfiava que um grande percentual do que ele dizia era pura obra de ficção. O meu novo amigo logo perdeu o encanto. Salles sempre sabia de tudo, conhecia a verdade sobre todas as roubalheiras, o que me enchia o saco. Então eu inventava um programa na TV que queria ver ou uma carta que precisava escrever.

Ah, sim, escrevi algumas cartas naquele período, quase todas para a minha filha. Cartas molhadas de lágrimas de saudades e arrependimento. Não toquei no assunto da medição de meu bilau, tema muito constrangedor que eu preferia que o tempo tratasse por mim. Escrevi praticamente uma carta por dia para Anita, e enviei todas, mesmo tendo elas praticamente o mesmo conteúdo. Anita não me respondeu nenhuma vez, ou pelo menos eu não recebi nenhuma carta sua. Nem sei se as pessoas de sua geração sabem como se escreve uma carta.

Escrevi também para Marilda, uma vez apenas. Uma carta quilométrica, extremamente raivosa, que expunha todo o meu ódio por ela ter me abandonado. Ao contrário das cartas que escrevi para a minha filha, eu tratava da famosa cena da medição peniana e, sem constrangimento, defendia todas as minhas teses sobre o assunto. Falei também sobre política, sobre ser fiel aos meus ideais, ser fiel aos meus sonhos, em suma o meu tema principal era a fidelidade. Foi tanta a raiva destilada por todas as mais de dez páginas daquela carta, que acho que acabei extravasando o ódio, gastei toda a minha revolta, não resisti e terminei a missiva dizendo que, apesar de tudo, eu ainda gostava dela, que ela era a mãe de minha filha e que o meu sonho era que tudo voltasse a ser como havia sido um dia. Juro que foi isso que eu escrevi e foi justamente esse final completamente destoante do resto da carta que me fez segurar o envelope antes de enviá-lo. Passei uma semana decidindo se reescreveria o final, ou se mandaria assim mesmo. Acabei decidindo por não reescrever o final, mas também não enviei a carta.

E foi ali na prisão especial, esquecido por meus amigos, pelo meu advogado e pela minha família, acompanhando as negociações de um sujeito cheirosíssimo pelo celular, que assisti na TV a um espetáculo, a uma novela sensacional, uma minissérie nunca antes mostrada: a CPI dos Correios. Acho que foi com 15 dias de prisão que apareceu na televisão um sujeito que trabalhava nos Correios aceitando propina. Não prestei muita atenção, já estava acostumado a ver pessoas aceitando levar grana por fora nesse país. Mas a coisa foi crescendo aos poucos, a merda foi pesando, começou a feder e de repente virou um merdão. Então surgiu o Roberto Jefferson, o deputado ex-gordo cujo hobby era cantar árias de ópera, que se sentiu sacaneado, pegou o merdão e jogou todo no ventilador. O deputado dublê de tenor soltou a voz, cantou em alto e bom som, abriu o bico, apontou o dedo e o colocou na ferida, mandou ver. E a partir daí soubemos que pessoas ligadas ao governo, inclusive do partido do presidente, estavam envolvidas com coisas inimagináveis para quem acompanhava a vida política do país e quase surreais, impossíveis, impressionantes para mim. Eu assisti ao depoimento do deputado-tenor dali da prisão especial, ao lado do Salles. No início, meu companheiro de cela não ligou muito, mas pouco a pouco ele foi largando o celular e sentando a meu lado para assistir à TV. Nós passávamos os dias vendo os deputados falando, os depoentes tentando se livrar das acusações, vimos tantos depoimentos lado a lado que o perfume do Salles ficou para mim diretamente associado à CPI dos Correios. Até hoje, toda vez que eu ouço falar de Roberto Jefferson, crise do mensalão, Marcos Valério ou qualquer coisa que tenha a ver com esse período, o cheiro do perfume surge nas minhas narinas, uma memória olfativa do evento.

Sherlock

Naqueles dias cheguei a pensar que, abandonado por todos, eu mofaria ali na prisão, ao lado de meu perfumoso companheiro de cela. Dormia muito mal, tinha sonhos aflitivos e frequentemente acordava suado e assustado. Em meus pesadelos, eu acabava voltando para a prisão comum, onde o Fedor de Cu, ou outro bandido com alguma alcunha ainda mais escrota, me obrigava a ser sua esposa. As únicas pessoas que me ajudaram nesses dias foram Karina, a catarinense do pôster central, e depois Misty, a americana da *Playboy*. Tentei bater o recorde mundial de punheta, o que certamente não consegui porque algum adolescente americano já devia ter um recorde imbatível. Os americanos sempre têm alguém melhor que a gente em qualquer campo de atuação.

Mas eu estava errado, não em relação ao recorde mundial de punheta, mas em relação ao escritório do Nestor. Aconteceu quase um mês após o meu telefonema para o Neco. Um dia, enquanto eu assistia na televisão a mais uma das intermináveis sessões da CPI dos Correios, a porta da cela abriu. O delegado entrou, olhou para mim e disse:

— Arruma tuas coisas. Tu pode sair. — Virou as costas e sumiu de novo, nem me deu tempo de perguntar nada. Olhei para o Salles, ainda em dúvida se era comigo ou com ele que o delegado havia falado.

— Tá esperando o quê? Se manda logo, antes que eles mudem de ideia.

Segui o conselho do Salles, arrumei as poucas roupas que tinha e coloquei na pequena mochila que havia trazido para a prisão. Juntei ainda o meu desodorante e a escova de dentes. Eram todos os meus pertences. Despedi-me do meu companheiro de cela com um abraço.

— Te cuida, hein! — Salles procurou se desvencilhar do abraço. Pegou a revista da americana e me ofereceu: — Não quer levar?

Agradeci. Peguei a revista, dei uma última olhada em Misty e me despedi dela também. Devolvi a revista ao Salles.

Na sala do delegado o estagiário do Nestor me esperava. Ele me explicou que conseguiu um habeas corpus e eu fui liberado para esperar o julgamento em liberdade. Depois de sua explicação, ficamos ali sem saber o que dizer, acho que ele esperava alguma espécie de agradecimento, um abraço ou ao menos um aperto de mão, mas eu não fiz nada disso. A minha ficha ainda não havia caído direito.

— Então tá — o rapaz falou, meio sem jeito —, você precisa de alguma coisa, quer carona para algum lugar?

— Se você puder me levar para casa, eu agradeço. — Fiquei com vontade de perguntar se ele já tinha carteira de motorista, mas achei que o jovem advogado brilhante podia não gostar da brincadeira.

Ele me deixou na porta de casa. Entrei em meu apartamento sem saber muito o que fazer, estava desacostumado com a liberdade. Olhei para a minha casa e percebi que tudo estava do mesmo jeito que deixei no dia em que saí para visitar meu pai e acabei preso.

Fui até a geladeira, abri a porta e revi as duas cebolas e a garrafa d'água de praxe. Não me arrisquei a beber a água que estava ali havia pelo menos dois meses. Joguei fora o conteúdo da garrafa. Eu estava com fome e o carcereiro não chegaria com o almoço. Liguei para o Neco, dei as boas-novas e o convidei para almoçar. Cinco minutos depois eu o encontrei no botequim da esquina, onde costumávamos almoçar quando não queríamos gastar muito.

— E aí, o que você vai fazer agora? — Neco começou a conversa com a pergunta mais difícil de ser respondida.

125

— Sei lá — respondi da forma mais fácil. — Eu não tô com animação nem disposição para fazer muita coisa, minha vida nos últimos tempos tá uma montanha-russa.

— Aí, xará, eu vou te explicar uma parada. Montanha-russa sobe e desce. A tua montanha-russa só tem descida. Cada vez que eu te vejo tu tá mais embaixo. Tu tá caindo no precipício, meu irmão. Se tu não se agarrar num galho, vai chegar no chão e se espatifar. Tu tem que reagir!

— Eu sei. Olha, na teoria eu sei o que tenho que fazer. Tenho que voltar à empresa e ver o que aconteceu por lá. Tenho que rever a minha filha e retomar a confiança dela. Tenho que arranjar dinheiro para pagar a pensão. Tenho que me livrar da acusação de que matei o Orlando.

— É, tu tem coisa à pampa pra fazer. Aliás, por falar nisso, você podia me responder uma coisa, é só pra tirar uma dúvida minha, sabe. Eu ainda não te perguntei sobre isso, mas preciso perguntar...

— Fala logo, Neco, o que é?

— Bom... — Neco ainda hesitou um pouco e finalmente fez a sua pergunta: — Tu não matou mesmo o Orlando, né?

— Claro que não! — gritei tão alto que o Neco se assustou e chegou a dar um pulo de sua cadeira. — Porra, até você, meu melhor amigo, duvida de mim. Puta que pariu, é claro que eu não matei o Orlando! Pelo menos você tem que acreditar em mim! Você acha que eu seria capaz de matar alguém?

Neco pensou um pouco.

— Tá, eu acredito em você. Tu não matou o cara, eu acredito. Tu é meu brother, se eu não acreditar em você, em quem eu vou acreditar? Mas tem uma coisa: se neguinho não achar ninguém pra botar a culpa, você tá fodido!

— É, você tem razão. Eu preciso fazer alguma coisa. Quer saber, eu vou descobrir quem matou o Orlando. Quer dizer, eu e você vamos descobrir quem matou o Orlando.

— Peraí! Fui citado e tenho direito a resposta! Eu não tô caindo de precipício nenhum. Eu não tô nem em montanha-russa. Minha vida tá na boa, na paz, saca aqueles carrosséis de criancinha, cheios de cavalinho? Aquele que roda, roda, roda e volta sempre pro mesmo lugar? Eu tô num brinquedo desses, maior tranquilidade, não tô a fim de adrenalina não.

— Você tem que me ajudar, Neco. Não precisa fazer nada, é só me acompanhar. Pela nossa amizade.

— Porra, eu já fiz coisa pra caralho pela nossa amizade. Já consegui dois advogados pra você, e você ainda quer mais?

— Dois advogados? Um cheirador e um adolescente?

— Mas o adolescente te soltou, não soltou? E antes já tinha te tirado da cela comum... Aliás, como era mesmo o nome daquele teu admirador lá da cela comum?

— Fedor de Cu. — A simples lembrança do fedorento bandido trouxe de volta por alguns segundos o terrível cheiro do marginal. Juro que senti o cheiro.

— Tá bom, tá bom! — admiti. — Você está realmente sendo um companheirão, um amigo de fé, irmão camarada. Só você tá do meu lado. Tem um monte de gente contra mim. O Orlando tava contra mim, aí morreu, e continua me sacaneando mesmo depois de morto. Minha mulher tá contra mim, o Técio tá contra mim e até a minha filha eles colocaram contra mim. E tem também aquela vagabunda gostosa da estagiária. Caralho! — Comecei a contar: — Orlando, Marilda, Anita, Técio, a estagiária. Cinco contra um!

Neco não conseguiu esconder o seu sorrisinho infame e nem segurar a piada.

— Cinco contra um. Realmente é a sua cara.

— Não enche Neco. — Não ri de sua piada, apesar de considerar teoricamente uma piada engraçada e até adequada à realidade. Mas eu não ia admitir isso. Fiz uma cara tão feia que ele ficou até sem jeito.

— Desculpa, cara, foi mal. Não resisti.

Aproveitei para retomar o pedido.

— E aí, tu vai me ajudar a investigar essa parada ou não vai?

— Investigar? Porra, tu quer dar uma de detetive? Endoidou? Depois tu reclama quando eu faço piadinha de cinco contra um. Tu não entende nada disso. Vai ser só uma bronha. Se você quer investigar, contrata um detetive.

— Com que dinheiro? Olha, você mesmo disse que eu tenho que fazer alguma coisa.

— Mas como é que tu vai investigar? Tu nunca fez isso na vida. Nem livro policial você lê.

— Não sei, mas a gente precisa fazer alguma coisa... Pensa bem, alguém deve ter entrado na empresa antes de mim.

— Dãaa! É claro que alguém entrou antes. Milhares de pessoas entraram lá antes.

— Porra, Neco, deixa de ser babaca! Eu tô só tentando raciocinar. Alguém entrou lá sem que ninguém visse, matou o Orlando e saiu correndo. Então eu cheguei. Precisamos descobrir quem podia ter entrado ali...

— Até agora o filhote de Sherlock só disse obviedades. Qualquer menino de 5 anos podia ter pensado isso. E como é que o gênio vai descobrir quem foi esse cara que chegou lá antes de você?

— Como? — Continuei pensando. — Calma, vamos pensar mais um pouco.

— Aproveita e pensa o seguinte, Sherlock: se a gente descobrir quem apareceu por lá, o que vai ser uma foda, como é que a gente vai provar que o cara matou o Orlando?

— Não joga pra baixo, Neco. Se a gente descobrir quem esteve lá antes de mim, a gente pensa como provar que o cara matou.

— Ah, tá! Olha, você tem a sobremesa e o cafezinho para tirar as suas conclusões detetivescas, porque depois eu vou me mandar.

É claro que Neco estava só tirando onda. Ele era o sujeito ideal para você chamar para ir a qualquer lugar, estava sempre disponível. E assim foi. Logo que terminamos o cafezinho, eu me levantei.

— E aí, vai aonde? — Neco perguntou.

— Vou dar um pulo na Info-Estoque.

— Eu vou contigo. — Neco levantou-se e me seguiu, como se nada tivesse sido conversado antes. Ele não tinha nada mesmo para fazer, por que não seguir um amigo numa investigação de um crime?

* * *

Saímos do botequim direto para o local do crime. Fomos de ônibus, é claro. Tudo bem, os detetives dos filmes não andam de ônibus, eles normalmente têm carro próprio, quase sempre caindo aos pedaços, mas nem isso eu tinha. Na verdade nem grana para a passagem eu tinha, foi Neco que pagou. Mesmo assim, estava confiante, me sentindo um novo homem. Eu agora era um dublê de empresário e detetive, um injustiçado que saía da merda para retomar o seu lugar no mundo. Eu certamente conseguiria descobrir o verdadeiro assassino de Orlando e depois ia reconquistar minha mulher, minha filha e ainda fazer de minha empresa uma líder de mercado. Era assim que eu me sentia, como se carregasse em meu peito um crachá de fodão.

Chegamos ao prédio da Info-Estoque e fomos decididos até a porta da empresa. Toquei a campainha, desafiador.

— Não tem ninguém — foi Neco que falou. — A empresa tá fechada.

— Como é que você sabe? — perguntei.

— É que tá escrito aqui. — Neco apontou para um papel que estava colado na porta de vidro. Ele leu o comunicado: — Informamos que a Info-Estoque está fechada provisoriamente. Informações no telefone... que telefone é esse?

129

— Não sei, não conheço.

— E aí, Sherlock, o que vamos fazer?

— Calma, eu estou pensando. — A minha altivez e confiança já tinham pegado o elevador para ir embora, mas eu continuava ali na porta da empresa. O meu crachá de fodão estava prestes a ser arrancado quando eu tive uma ideia, na verdade a única que podia ter naquele momento: — Vamos ligar pra esse telefone. Me empresta aí o celular.

— Aí, Maxwell Smart, o celular ficou em casa.

— Então anota aí o número. Vamos pra casa ligar.

— Anota você, James Bond, eu não tenho caneta. Eu tô caindo fora. — Neco se mandou em direção ao elevador, enquanto eu, sem caneta e papel, decorei o número do telefone. Nossa primeira missão não podia ser considerada um sucesso.

Neco se despediu de mim assim que saímos do prédio da Info-Estoque.

— Vai aonde?

— Sei lá. Pra vida.

— Peraí, Neco. Me adianta um dinheiro aí, pelo menos o da passagem.

— Puta que pariu! — Neco me deu cinquenta pratas. — Toma, a mesada da semana. Vê se não gasta com besteira.

— Vai tomar no cu! Eu vou te devolver tudo, e com juros.

Enquanto Neco sumia na vida, eu continuava em minha missão. Assim que cheguei em casa, cumpri a minha primeira tarefa: peguei uma caneta e anotei o número do telefone que havia decorado na porta da Info-Estoque. Logo parti para a segunda tarefa: peguei o telefone, esperei o sinal e liguei. Ocupado. Liguei de novo. Novamente ocupado. Resolvi esperar um pouco antes de ligar uma terceira vez. Então comecei a reparar que algumas coisas estranhas estavam acontecendo naquele apartamento. A luz e o telefone estavam funcionando, não haviam sido cortados, apesar de nenhuma conta ter sido paga por mim enquanto estava na cadeia. Eu também não paguei aluguel a Marilda durante todo esse tempo, e no entanto ela não havia retomado o apartamento, como seria seu direito. A minha chave coube perfeitamente na fechadura e o apartamento estava uma bagunça, ou seja, estava do mesmo jeito que eu havia deixado da última vez que estive ali, antes de ser preso. Desci até a portaria e procurei o seu Castro, o porteiro. Perguntei por minha correspondência e ele me deu. Só havia propagandas, nenhuma conta.

— E as contas, onde estão?

— Ah, depois que o senhor foi... — Ele titubeou, não sabia como continuar a frase — foi... ficou...

— Preso — eu completei.

— É, isso. Pois despois que isso se sucedeu com o senhor, a dona Marilda pediu pra eu dar as conta pra ela.

— Ela vem aqui?

— Não, eu nunca mais vi ela não. Ela telefonou pra mim e pediu pra eu entregar as contas prum rapaz.

— Que rapaz?

— Eu nunca tinha visto antes não. Ele veio aqui umas duas vez. Pegou as conta e foi embora.

Subi de novo, ainda sem entender direito o que estava acontecendo. Depois de mais de meia hora deitado no sofá tentando decidir o que fazer, acabei discando os números de Marilda.

— Alô — ela atendeu no segundo toque.

— Oi. Sou eu, Moacir.

O silêncio do outro lado da linha denunciou que ela me reconheceu.

— Desculpe ligar — ela não desligou e eu desandei a falar —, eu preciso falar com você. Eu saí da cadeia e... bom. Eu estou aqui no nosso apartamento, quer dizer, no seu apartamento... e eu descobri, quer dizer, o porteiro me falou que você tá pagando as contas... quer dizer, as contas agora são suas, certo?... desculpa eu ter entrado no seu apartamento, mas eu não tinha pra onde ir e a minha chave ainda está funcionando... imagino que você não deve ter tido tempo de trocar a fechadura...

Ela permaneceu em silêncio do outro lado da linha.

— Olha, Marilda, eu quero que você saiba que eu sou inocente, que eu fiquei preso injustamente... eu não fiz o que me acusam de ter feito, eu não seria capaz de um ato desses...

Eu só ouvia a respiração dela como resposta. Continuei falando.

— Mas eu vou provar que sou inocente, você vai ver. Pode falar pra Anita que o pai dela é inocente.

Ela não disse nada. Eu comecei a chorar.

— Bom, na verdade, eu só estou ligando pra te pedir pra ficar aqui pelo menos até arrumar algum lugar pra ficar... Bom, vou desligar. Manda um beijão pra Anita. Eu estou morrendo de saudades dela. Tchau.

Então eu desliguei o telefone. E permaneci deitado no sofá chorando por muito tempo. Só parei com o telefone tocando. Era o Neco.

— E aí, ligou?

— Liguei.

— E aí?

— Aí, que foi foda!

— Foda? — Neco não entendeu. — Foda por quê? Quem atendeu o telefonema? Alguém conhecido?

Foi só então que entendi o que Neco queria saber.

— Ah, você tá falando do telefone que estava na porta da Info-Estoque.

— Claro! E pra quem você ligou e foi foda?

— Pra Marilda.

— Caralho! Ela atendeu? Não desligou na sua cara?

— Não. Ela atendeu, mas ficou calada, só eu falei. Pedi pra ficar aqui mais um tempo.

— E ela topou?

— Acho que sim. Ela não disse não, acho que topou.

— Caraca, mulher é um bicho esquisito mesmo... Ela não falou nada? Não te xingou?

— Não. Eu deduzi que posso ficar aqui por um tempo... Depois eu tenho que arrumar um lugar pra morar.

— Então tá, depois a gente se fala...

— Calma, não precisa desligar não. Não se preocupa que eu não vou pedir pra ficar na sua casa.

— Ah, tá, é que aqui não dá, você sabe...

— Tudo bem, não tem problema, eu me viro...

— Beleza, então. E o telefonema? Tu deu?

— Dei. Mas estava ocupado. Vou tentar de novo agora.

Desliguei e prontamente disquei o número que havia anotado no papel. Atendeu uma telefonista.

— Moura, Mattos escritório de advocacia, boa tarde.

— Peraí, Moura Mattos? Esse é o escritório do Moura?

— E do senhor Mattos também.

— Claro, vocês são advogados da minha empresa. — Na verdade eu nem sabia mais quem era cliente deles, a última notícia que tive foi que eles não mais nos atenderiam porque estávamos devendo dinheiro e depois o Orlando os contratou. — Eu queria falar com o Moura...

— Quem deseja?

— Moacir Stein.

Depois de uns 15 minutos pendurado na linha ouvindo uma musiquinha insuportável, dessas produzidas para irritar quem espera, o Moura atendeu.

— Moacir Stein! Há quanto tempo, hein? Sumido hein?

— Porra, Moura, você sabe muito bem onde eu estava.

— É, eu sei. Você fugiu?

— Não, meu advogado conseguiu um habeas corpus.

— Claro, claro... Mas nós já, já vamos te colocar lá de novo.

— Vocês?

— É, nao sei se você sabe, mas eu sou advogado do Orlando, seu oponente. Quer dizer, era, porque você matou ele.

— Eu não matei ninguém! Eu sou inocente!

— Tá bom, eu sei, todo mundo é inocente, por isso existem os advogados. Já pensou se todo mundo saísse confessando logo o que fez? Os advogados iam viver de quê? — Ele riu da própria piada. — Mas, falando sério, assim que você encerrou a sociedade com o Orlando, a esposa do falecido me procurou e eu atenciosamente aceitei o meu novo encargo, que é justamente te colocar atrás das grades.

— A mim ou a quem matou o Orlando?

— Tanto faz, já que os dois são a mesma pessoa.

— Porra, Moura, eu não matei o Orlando e vou provar isso pra você!

— Claro, claro... Mas certamente não foi pra me dizer isso que você me ligou.

— Não, eu liguei porque fui até a Info-Estoque e encontrei a empresa fechada com o seu telefone na porta.

— Sim, sim. Esse é outro encargo que recebemos da nossa cliente, tocar a empresa, mas infelizmente a melhor saída foi mesmo fechar as portas, já que com a morte do sócio majoritário e com o sócio minoritário na cadeia, acusado de assassinato, os contratos da empresa foram todos cancelados. Nós então dispensamos os funcionários e estamos tratando do fechamento jurídico-contábil da Info-Estoque. Isso é um resumo do que aconteceu.

— Tá — foi o que respondi.

— Espero que essa informação tenha te ajudado, Moacir, porque de agora em diante você não deve contar mais com a minha ajuda, hein! Aproveita a liberdade, meu amigo, que esses seus dias de inocente vão acabar. — Moura começou a rir de sua nova piada e nem deve ter escutado o barulho do telefone desligando.

* * *

Não sabia o que fazer para provar a minha inocência. Sabia apenas que precisava arranjar algum dinheiro, não dava para tentar ser detetive sem dinheiro nem para a passagem de ônibus. Passei um dia inteiro lutando contra a minha consciência para não mexer novamente na caderneta de poupança de minha filha, mas, por absoluta falta de outra ideia, acabei resolvendo raspar a conta. Com o dinheiro em mãos eu podia pensar no próximo passo a dar para tentar provar que eu era um injustiçado. É claro que eu não tinha a menor pista nem de onde começar a procurar alguma pista que provasse a minha inocência. Andava para lá e para cá em casa, tentando lembrar de tudo que havia acontecido na noite do crime, pensando em quem podia procurar para me ajudar, mas não vislumbrava nenhuma atitude a tomar. O que fazer nessas horas? Ver TV. Foi o que eu fiz. Passei dois dias em frente à televisão, zapeando em busca de algum programa, mas nenhum me interessava, ou talvez eu não conseguisse prestar atenção em nada. Em um momento, no intervalo comercial, entre um programa de auditório e um filme, eu peguei a minha agenda de telefones e a examinei letra a letra. Na letra I encontrei o telefone particular de dona Ivana, a minha ex-secretária. Eu não lembrava que tinha aquele telefone. Fiquei matutando sobre as circunstâncias que me fizeram anotar aquele número. Deve ter sido em alguma situação especial de emergência que já tinha se esvaído de minhas memórias. Então, quando eu já estava virando a página da agenda, me dei conta de que havia encontrado a pessoa que podia me ajudar. Dona Ivana podia saber de alguma coisa a mais. Ela acompanhou tudo que aconteceu durante a crise da Info-

-Estoque e, melhor, testemunhou toda a mudança que ocorreu depois da minha saída. Liguei para dona Ivana num impulso, sem nem pensar direito no que falar. Ela atendeu no terceiro toque.

— Dona Ivana, é o Moacir Stein.

— Seu Moacir! — ela gritou surpresa, mesmo do outro lado da linha eu podia ver os seus olhos arregalados de espanto. Ela parece ter demorado a se recobrar do susto, pois não conseguia ou não sabia muito bem o que dizer. Quando conseguiu falar, foi agressiva.

— Como é que o senhor foi capaz de... — ela não encontrava a palavra, tinha dificuldade em me acusar de assassino diretamente — como é que o senhor fez aquilo?

— Eu não fiz nada, dona Ivana! Estão me acusando injustamente.

Tentei por mais de 15 minutos explicar que era inocente, mas ela não queria acreditar, então consegui convencê-la a me encontrar para que eu pudesse expôr o meu ponto de vista. Ela topou relutante.

Encontrei com dona Ivana no bar em frente ao prédio da Info--Estoque. Mais uma vez, resolvi pedir ajuda ao Neco, e o levei ao encontro. Dona Ivana também não apareceu sozinha.

— Seu Moacir, esse é o meu irmão. — Ela apontou para o rapaz que ela dizia ser seu irmão, um sujeito forte e mal-encarado, ou que pelo menos fazia um tremendo esforço para passar por mal-encarado. Não se pareciam muito, podia ou não ser irmão dela, não tinha como saber ao certo. Nem precisei apresentar Neco a minha ex-secretária, ele mesmo o fez, enquanto o sujeito que se dizia irmão de dona Ivana me afastava para o canto do balcão do bar para uma conversa particular.

— Vem cá que eu quero falar com o senhor. — O sujeito respirou fundo: — Quando a Ivana me falou que o senhor queria conversar com ela, eu fiz questão de vir junto. O senhor sabe, todo mundo está acusando o senhor de ter matado o seu sócio, pode ser perigoso... Eu quero avisá-lo que eu estou aqui para defender a minha irmã. Eu sou policial militar e sei muito bem como tratar de pessoas como o senhor. Se tentar enrolar a minha irmã, envolver ela de alguma maneira nesse crime ou qualquer outra gracinha...

— Calma meu amigo. Eu vim aqui justamente para explicar que não fiz nada. Eu sou da paz.

O militar fechou ainda mais o cenho, aproximou o rosto do meu, colocou a mão por debaixo da camisa e empunhou alguma coisa que eu presumi fosse uma arma e deu o seu depoimento definitivo:

— Eu também sou da paz, morou?

— Claro, claro... — eu admiti. — Mas será que vocês podem me dar cinco minutos para eu explicar o que aconteceu naquela noite?

— Cinco minutos! — ele olhou para o relógio dando a entender que o tempo já estava correndo e voltamos a nos aproximar de dona Ivana. Ainda pegamos o finalzinho de uma animada conversação entre ela e o Neco. Eu fui direto ao assunto, tentei no exíguo tempo que me foi dado explicar a minha versão do que havia ocorrido, mas dona Ivana não parecia disposta a mudar a sua opinião, olhava o tempo todo para o irmão, que, pelo jeito, já havia me julgado e condenado. Tentei usar todos os argumentos que tinha, que não eram muitos. Apelei até para o fato de eu ter sido um bom chefe para ela, lembrei que ela gostava de mim e não gostava de Orlando. Então, depois de esgotar todos os meus argumentos, só me restou implorar para que ela acreditasse em mim:

— Dona Ivana, fui eu que encontrei o Orlando morto, mas não fui eu que matei ele!

— Mas não tinha mais ninguém lá. E, pelo que eu soube, o senhor fugiu — ela argumentou.

— É, eu fiquei desesperado e fugi, mas é porque achei que ia ser incriminado. Eu estava lá e estava armado, mas era só pra dar um susto. Fiz uma tremenda besteira de fugir... depois a polícia não quis

137

nem me escutar. Mas não fui eu, a senhora tem que acreditar em mim. Alguém entrou lá antes de mim.

— Como é que alguém entrou lá se a porta estava trancada? — o irmão policial perguntou.

— A porta não estava trancada. Eu entrei empurrando a porta.

Pela primeira vez o semblante de dona Ivana mudou. Ela pensou um pouquinho, olhou para o irmão e meio sem jeito falou:

— Bom, na verdade, dá pra entrar sem chave.

O irmão olhou para dona Ivana, desconfiado. Ela explicou:

— Bom, se você está dentro da empresa e a porta fecha, é só girar a maçaneta que a porta abre. Mas para conseguir abrir por fora tem que ter a chave, senão ela não abre. Mas a verdade é que ultimamente a mola da porta estava um pouco fraca e às vezes ela não fechava completamente quando alguém saía, precisava empurrar um pouquinho para ela fechar direito, fazer clic, sabe?

— Então às vezes ela não fazia clic?

— É, às vezes ela ficava meio aberta, eu já tinha falado isso pro doutor Orlando.

— Então, o cara que matou o Orlando saiu correndo da empresa, e a porta não fechou direito, não fez o tal clic, certo?

— É, pode ter acontecido — ela confirmou olhando um pouco assustada para o irmão.

— E o assassino do Orlando pode ter entrado na empresa dessa maneira também — continuei a minha teoria. — Quem era normalmente a última pessoa a sair da empresa?

— Bom, eu era uma das últimas, mas tinha gente que saía depois de mim. O faxineiro saía depois de mim... o doutor Orlando muitas vezes ficava até tarde... e tinha também o segurança. Nos últimos tempos o doutor Orlando botou um segurança, que acho que era o último a sair, mas não tenho certeza.

— Então quem saiu antes do Orlando pode ter deixado a porta aberta sem saber e alguém entrou simplesmente empurrando a porta?

— É. — Ela admitiu mais uma vez.

Eu já me empolgava com a minha teoria quando o irmão de dona Ivana entrou na frente dela e encerrou o assunto.

— Seus cinco minutos acabaram. Espero que o senhor tenha ficado satisfeito com a informação da minha irmã. Nós temos que ir agora. Vamos, Ivana. — Ele puxou a irmã, que foi embora com uma dúvida nos olhos e um sorriso para o Neco.

* * *

Aquela primeira conversa, mesmo terminando de modo abrupto, me deixou animado. Estava me sentindo o gênio da investigação policial. Tinha certeza de que, se tivesse conseguido conversar mais, arrancaria muito mais informações de dona Ivana. Empolgado com a minha primeira experiência como investigador, parti para a minha segunda conversa. Forcei Neco a me acompanhar até o edifício da Info-Estoque atrás do porteiro da noite. Achava que ele podia ter visto alguém entrando ou saindo do prédio antes de mim.

Encontramos o sujeito no início de seu expediente.

— Boa noite — me aproximei —, meu nome é Moacir Stein, eu trabalho nesse prédio.

— Sim.

— Você é o...

— Chiquinho — o rapaz respondeu.

— Pois é, Chiquinho, eu estava querendo bater um papinho contigo...

— Agora não dá.

— Mas é coisa rápida, não vai tomar nem cinco minutos.

— Desculpa, moço, mas eu tenho que prestar atenção no trabalho. Se eu conversar eu deixo de prestar atenção e aí pode entrar alguém estranho no prédio e pode acontecer coisas estranhas... se é que o senhor me entende.

Eu já estava quase partindo pra cima do porteiro marrento, mas o Neco me segurou e me puxou para longe da portaria.

— Calma, cara. Acho que vamos ter que dar uma grana pra ele falar.

— Ele quer grana? — Minha primeira reação foi de irritação. — Ele quer dinheiro pra falar com uma pessoa? Qual é a desse paraíba?

— Ele sacou que a conversa contigo tem valor. Mas fica calmo, que o cara é esperto, mas é pobre. A grana deve ser pouca. Deixa comigo.

Neco se aproximou e conversou com o porteiro, os dois gesticularam como se estivessem negociando algo, logo chegaram a um acordo. Neco me comunicou o resultado da negociação:

— Ele te reconheceu mesmo. Eu topei pagar uma cerveja pro cara conversar contigo.

O porteiro aproximou-se de mim com um enorme sorriso na cara.

— Aí, malandro, vamos ali no bar pra nossa conversinha.

— No bar? Mas você não tá de serviço?

— Isso aqui é tranquilo. Depois das dez da noite quase ninguém entra nesse prédio. E o senhor sabe que às vezes quem tá aí dentro nem consegue sair né, malandro? — O espertinho riu de sua piadinha, mas nem esperou por qualquer reação de minha parte, colocou o dedo na boca e assobiou chamando alguém. O porteiro do prédio em frente atendeu o chamado.

— Olha aqui pra mim, meu camarada! — Chiquinho gritou pro outro porteiro.

— Deixa comigo — o outro porteiro, quase um clone seu, respondeu.

140

Fomos os três até o bar da esquina, onde o marrento se aboletou numa cadeira, parecia acostumado a passar as noites por ali.

— Ô Zé — ele chamou o garçom —, uma cerva, que hoje é por conta do malandro aqui!

O malandro aqui era eu. Sentei-me na cadeira ao seu lado e Neco nos acompanhou. Fui direto ao assunto:

— O que você disse pra polícia?

— Eu disse só que vi o senhor entrando no prédio com um presente na mão.

— Presente?

— É, o senhor tava com uma caixa na mão e eu achei que era um presente. Achei até estranho o senhor levar um presente pro seu Orlando, porque todo mundo no prédio sabia que o senhor e seu Orlando eram unha e carne, unha de um na carne do outro! — Chiquinho riu de sua piada, o que me deixou irritado. Mas ele continuou: — Mas aí, quando eu soube o que tinha acontecido lá em cima foi que eu entendi que tipo de presente o senhor tava levando pra ele. — Ele riu ainda mais.

Fuzilei o sujeito com o olhar. A minha vontade era dar um soco na cara dele, mas nesse exato momento o garçom chegou com os chopes. O folgado pegou feliz a sua tulipa e sem cerimônia entornou quase a metade do conteúdo.

— Ahhhh! Que delícia! Esse chope daqui é maravilhoso, não é não?

— Você não lembra de ter visto mais nada de estranho naquela noite? — Neco perguntou.

— Olha, doutor, pensando bem agora, eu acho que eu vi mais uma pessoa estranha entrando no prédio naquele dia.

— É mesmo? — Eu gostei de ouvir a nova informação. — Quem era essa pessoa? Foi antes de mim? — perguntei afoito.

— Ih, doutor, o meu chope acabou — o porteiro mostrou a tulipa vazia —, eu vou ter que voltar pro serviço.

Ele foi se levantando, mas eu o segurei.

— Não, não, senta aí! — Chamei o garçom. — Mais um chope pro amigo aqui.

— Obrigado, doutor — ele voltou a se sentar na cadeira —, esse chope daqui é bom demais!

Neco se levantou para ir ao banheiro e eu fiquei sozinho com o porteiro. Quando o garçom chegou com o chope, eu retomei a conversa:

— Agora diz logo: quem era essa pessoa que você viu além de mim?

— Calma, doutor, a minha memória não é tão boa assim. Eu tô tentando me alembrar.

— Era homem ou mulher?

— Acho que era homem. Olha, doutor, tá difícil de alembrar...

— Faz um esforço!

— Calma, doutor, tá quase aqui — ele apontou pra cabeça —, tá quase aqui, mas eu num tô alembrando, acho que tô com fome...

— Caralho! O que você quer comer? — Eu estava ansioso pela nova informação, chamei o garçom, que se aproximou: — Uma batata frita, tá bom? — perguntei pro porteiro.

— Beleza pura, doutor! E mais um chopinho, esse aqui já tá no fim e batata frita dá muita sede...

— Tá, tá... Garçom, traz mais uma rodada de chope.

Esperamos em silêncio a batata frita que aclararia as ideias de Chiquinho.

O garçom chegou com as batatas e o chope. O porteiro pegou calmamente uma batata e a saboreou vagarosamente, e assim fez batata a batata enquanto eu esperava.

— E aí, passou a fome? — perguntei impaciente.

— Passou, doutor. Obrigado.

— E agora, lembra quem foi que você viu entrando no prédio?

— Me diz uma coisa doutor? Esse dia que o senhor fugiu foi uma terça-feira?

— Não, foi quarta-feira.

— Então eu me enganei. O homem que eu tava achando que tinha visto foi o seu Orlando mesmo. Ele às vezes saía pra comer uma coisinha e depois voltava pro trabalho. Naquele dia eu não vi mais ninguém não.

— Filho da puta! — Agarrei o porteiro pelo cangote e o levantei à força da cadeira.

— Calma, doutor... Eu só tô falando o que eu sei.

— Tu só queria comer às minhas custas, seu filho da puta!

— Calma, doutor, o senhor vai rasgar o meu uniforme.

Nesse momento o Neco voltou do banheiro e procurou me acalmar, tentando tirar as minhas mãos da gola da camisa do porteiro, mas eu estava muito nervoso.

— Calma, Moa! Não vai fazer merda!

— Você também cala a boca, Neco! Foi você que me fez pagar três chopes e uma batata frita pra esse filho da puta!

— Eu só prometi um chope. Depois você se empolgou e pagou o segundo. E eu nem vi batata frita, estava na fila do banheiro. Tu pagou uma batata frita pra ele? — Neco perguntou rindo.

— Tá rindo de quê? — respondi soltando a gola do rapaz. Em um décimo de segundo toda a minha raiva se transferiu para o Neco. O porteiro aproveitou a oportunidade e correu de volta para a portaria.

— Tu é muito otário mesmo. O cara se deu bem em cima de você.

— A culpa foi tua, você que teve a ideia de pagar um chope pro cara!

Ficamos mais de meia hora discutindo. Quando saímos do bar e passamos novamente em frente ao prédio da Info-Estoque, ouvimos Chiquinho reclamando com outro porteiro que o chope estava quente e que a batata frita do bar do seu Manoel era muito gordurosa.

* * *

Apesar de toda a raiva que sentia por ter sido feito de otário pelo paraíba, acabei vendo um lado bom no encontro. Percebi que, apesar de toda a sua esperteza, o porteiro forneceu uma informação interessante. Se Orlando havia descido para comer alguma coisa, na volta para o escritório ele poderia ter deixado a porta aberta sem querer, já que, segundo dona Ivana, havia um defeito na mola. O assassino teria apenas empurrado a porta para entrar, da mesma maneira que eu fiz.

Estava matutando sobre isso quando o Neco chegou a minha casa.

— Você tem o telefone da sua secretária, a dona Ivana?

— Tenho, mas se ela sabe alguma coisa a mais o troglodita do irmão não vai deixar ela falar.

— Ih, é, tem o irmão.

— Não tô entendendo, você tinha esquecido do irmão?

— Bom, agora que eu preciso mesmo do telefone.

Dei o número para o Neco e fiquei ouvindo a conversa. Ele se desculpou por não ter ido a algum lugar, disse que teve que ajudar uma prima que veio do nordeste de surpresa e ficou doente, acabou marcando outro encontro.

— Você ia sair com a dona Ivana?

— Ia. A tua secretária ficou paradona na minha naquele encontro. Acho que foi porque eu elogiei os olhos dela. Aí nós trocamos telefones.

— Você ficou a fim dela?

— Acho que não, mas eu não resisti a dar uma cantada, força do hábito. Depois eu perdi o telefone dela, mas ela me ligou com uma desculpa qualquer e eu acabei marcando de encontrar com ela, mas não fui.

— Por causa da prima doente.

— É, não menti completamente, eu tenho uma prima que chegou mesmo de surpresa, não foi do nordeste, foi de São Paulo.

— E por que você disse que era do nordeste?

— Ah, sei lá, paulista doente não impressiona muito, nordestino doente a gente já imagina que tá morrendo. Na verdade a minha prima Juliana nem estava doente, eu é que estava doente de vontade de dar uns pegas nela, mas ela me negou fogo. Filho da puta! Aí eu lembrei que tinha furado com a dona Ivana, e que ela estava a fim de alguma coisa...

— Porra, Neco, a dona Ivana tem 45 anos e é gorda.

— Pois é, isso é que me tentou. Há quanto tempo não rola nada pra essa dona Ivana? A mulher deve estar louquinha de tesão, essas gordinhas são as que mais se empenham, elas se esforçam pra caramba porque não sabem quando vai ser a próxima, sacou? Ela pode não ser muito bonita, mas compensa com a força de vontade.

Não consegui deixar de rir da teoria de meu amigo, e logo uma pergunta idiota me veio à cabeça.

— O irmão dela não vai nesse encontro, vai?

— Fala sério!

— Então, você pode conseguir novas informações! — Fiquei animado.

— Calma, Moa, eu nem decidi ainda se vou mesmo encontrar a mulher.

— É claro que vai, você tem que conseguir mais informações.

— Que informações?

— Ah, sei lá... — A pergunta me pegou de surpresa, mas logo comecei a raciocinar e alguma coisa me veio à mente: — Bom, você pode tentar descobrir, por exemplo, que negócios o Orlando estava fazendo ultimamente? Outra coisa: havia alguém suspeito encontrando com ele? — Pensei mais um pouco. — Por que ele colocou segurança na empresa? E por que naquele dia o segurança não estava lá?

— Tudo bem, tudo bem. Anota essas paradas num papel aí pra mim.

* * *

Dois dias depois, Neco apareceu novamente em casa. Não consegui esconder a minha ansiedade.

— E aí, e aí, e aí?

— Foi legal.

— Conseguiu alguma coisa? — perguntei afoito.

— Comi. Ela me decepcionou um pouco, não tinha muita experiência, mas sabe que a Ivana nem é ruim de corpo, rapaz? Ela usa aquelas roupas caretas e a gente não dá nada por ela, mas peladinha ela não é de se jogar aos cães. Saca gordinha sexy?

— Eu não estou interessado nos atributos físicos da dona Ivana, quero saber se tu conseguiu alguma coisa!

— Consegui comer, já disse. Papai e mamãe, ela é bem conservadora.

— Não, porra! Conseguiu alguma informação?

— Informação sobre o Orlando? Pouca coisa.

— Pouco? — Fiquei decepcionado. — O que você soube?

— Ô Moa, a coisa não é assim não. Você acha que é só pagar um chope, chamar pra foder, foder rapidinho, e aí sentar ela numa cadeira e fazer um questionário sobre a empresa em que ela trabalha? A moça estava a fim, mas fez um jogo duro, ela não é dessas que dão na primeira saída. Ela nem sabia se queria mesmo dar pra mim ou não. Eu tive que gastar conversa às pampas pra arrastar ela prum lugar mais tranquilo e conseguir dar uns amassos. Aí, depois que eu gastei um monte de saliva beijando ela, eu consegui uma mãozinha nos peitos e coisa e tal. Pra convencer ela a ir pro motel foi mais foda que a foda propriamente dita. E eu vou te dizer, só fiz isso tudo por tua causa.

— Obrigado, deve ter sido muito duro pra você!

— Foi duro mesmo, eu não costumo gastar tanto tempo assim pra conseguir dar uma bimbada. Só se valer muito a pena. Se fosse com a minha prima paulista, eu gastava.

— E você só traçou a dona Ivana por minha causa?

— Exatamente, porque eu sou seu brother.

— E conseguiu o que com ela?

Neco pegou o papel que eu lhe dei, onde escrevi as informações que queria de dona Ivana, e começou a responder:

— Que negócios a empresa estava fazendo? Negócios com o governo. Alguém suspeito estava encontrando com Orlando? Não. Pra que contratou um segurança? Ela não sabe. Por que o segurança não estava lá naquela noite? Não sabe.

— Só isso?

— Só. Não era isso que você queria saber?

— Pô, só isso?

— É, ela também disse que o Orlando pegava aquela estagiária gostosa...

— Isso eu já sabia.

— Eu também, mas ela disse e eu tô te dizendo...

— Acho que a gente não avançou muito, não é?

— Eu até avancei em cima da secretária, mas você não avançou muito mesmo não!

Eu estava apostando todas as minhas fichas naquele encontro do Neco com a secretária, e meu amigo só me trouxe notícias velhas. Eu já imaginava que o Orlando estava fazendo negócios com o governo, mas precisava de detalhes e Neco não conseguiu nenhum. De resto a única novidade era que a velha secretária tinha um corpo razoável e era ruim de cama. Quando Neco se mandou eu percebi que sozinho não iria nunca provar a minha inocência, que aquela ideia de me fazer de investigador policial, Sherloque tupiniquim, não ia dar certo nunca.

Deitei-me na cama e comecei a pensar no que fazer, mas nada mais me vinha à cabeça. Tentei dormir mas não consegui, virava de um lado para outro da cama, como um bife sendo fritado. Os pensamentos eram cada vez mais mórbidos. Imaginei a minha volta à prisão, mas dessa vez o meu companheiro de cela era o Fedor de Cu, que havia cursado a faculdade só para ficar na prisão especial comigo. Ele me atacava e eu fugia naquele exíguo espaço. Mesmo formado, Fedor de Cu continuava fedendo e eu não aguentei a pressão e acabei cedendo. Quando Fedor de Cu finalmente me enrabou eu soltei um grito.

— Nãooooooooooo!

Pulei da cama assustado.

— Isso não pode acontecer! — falava sozinho. — Eu tenho que sair daqui! Tenho que fugir!

Eu decidi que iria fugir, sair do país.

* * *

Sair do país talvez fosse mesmo uma boa. Por enquanto eu estava livre, mas estava aguardando o julgamento, e quando esse dia chegasse as minhas possibilidades de me dar bem eram pequenas. Eu não confiava em meu advogado e não conseguia andar muito nas minhas investigações particulares. Além de mim, que fui pego fugindo do local do crime portando uma arma, não havia mais nenhum suspeito. Portanto, sair de cena, me mandar para fora do país era uma decisão razoável. Mas como? Pelo aeroporto, como um cidadão qualquer, era muito arriscado. Na certa, me pegariam. Podia sair do país de ônibus, as fronteiras terrestres são menos fiscalizadas. Essa opção diminuía bastante a oferta de países para onde eu poderia ir, apenas os países da América do Sul. Argentina? Paraguai? Uruguai? E havia outras questões: por quanto tempo ficar fora do Brasil? Essa pergunta era a que mais me afligia. Por quanto tempo? Não que eu temesse morrer de saudade do Brasil, é claro que gostava de meu país, de seus costumes, da nossa ginga, da mulata, do samba e do carnaval, mas o que me incomodava ao pensar em ficar exilado por alguns anos era que, por todo esse tempo, eu não veria a minha filha. Então, todo esse planejamento para me mandar para o exterior acabou desembocando numa saudade antecipada de minha filha. Uma saudade danada!

Então resolvi que ia, sim, sair do Brasil, mas antes passaria em Brasília para rever Anita. A decisão estava tomada. Eu precisava ver Anita nem que fosse pela última vez. Depois fugiria do país.

Parti direto para a rodoviária. Não sabia onde ia me hospedar em Brasília. Na verdade, nem cheguei a pensar nisso. O meu objetivo era chegar à capital e ver a minha filha.

Foram horas e horas sacolejando pelas esburacadas estradas nacionais rumo a Brasília. Cheguei no meio da tarde à rodoviária da capital. Agora eu precisava descobrir como ir até a casa de Marilda. Não sabia que ônibus pegar e, com o endereço escrito num pedacinho de papel, perguntei a algumas pessoas como chegar lá. Os brasilienses se mostraram solícitos, mas mal-informados. Acabei pegando um ônibus errado e saltei longe do endereço de minha ex-mulher. Fui obrigado a andar mais de uma hora. Finalmente cheguei ao local correto e reconheci o edifício. Passei pelo porteiro sem ele me ver, o prédio estava necessitando de uma revisão urgente em suas normas de segurança. Toquei no apartamento de Marilda. Só naquele momento, quando ela demorou um pouco para atender, me dei conta de que era fim de semana e talvez todos tivessem saído. Ou então, como da outra vez, eu podia dar de cara com o Técio e não saberia o que fazer. Mas a porta acabou abrindo e foi Marilda que apareceu. Assustou-se com a minha presença.

— Moa! O que você tá fazendo aqui?

— Eu vim ver a Anita.

— Ela não está. Está na casa de uma amiga. Vai dormir lá.

— Uma amiga? — Fiquei sem saber o que fazer, enfim tive uma ideia: — Onde é a casa dessa amiga?

— Você não tá pensando em ir lá, não é?

Era mesmo essa a minha intenção, mas realmente não seria muito legal o pai aparecer do nada na casa da amiga. Tentei outra abordagem:

— Liga pra ela e pede pra ela vir aqui que eu quero vê-la.

— Fala sério, Moacir!

— Por que você não quer que eu fale com ela?

— Você sabe muito bem. E não é só porque você se despencou do Rio pra ver a Anita que as coisas mudaram.

— Peraí, Marilda, vamos conversar.

— Eu não tenho o que conversar com você.

— A gente tem o que conversar sim! Eu sou pai e tenho direito de ver a minha filha.

Marilda não respondeu nada, mas também não bateu a porta na minha cara. Ela ficou quieta por uns segundos, pensando no que fazer. Até que me deixou entrar.

— Entra aí, vai.

Entrei, meio sem jeito. Marilda indicou um sofá. Sentei. Ela sentou numa poltrona.

— O que você quer conversar?

— Marilda, eu preciso ver a Anita... eu passei dois meses na cadeia, acusado de um crime que não cometi.

Marilda permaneceu quieta.

— Você acha que fui eu que matei o Orlando, Marilda?

Marilda não respondeu. Eu insisti.

— Você acha que eu seria capaz de matar alguém, Marilda?

— Não sei...

— Fala sério! — gritei. — Você me conhece, nós fomos casados um tempão. Você acha mesmo — frisei o mesmo — que eu seria capaz de matar o Orlando?

— Não sei... acho que não... mas eu também não achava que você fazia o que fez na frente da Anita.

— Eu não fiz nada! Não estava fazendo nada demais. Ela me pegou num momento errado. Acontece com todo mundo. Nunca te pegaram fazendo xixi?

— Fazendo xixi já, mas você não estava fazendo xixi.

— Eu não estava fazendo nada do que você está pensando! — Tentei mudar de assunto: — Aliás, por falar em pegar em flagrante... Cadê o seu... — parei a frase sem saber como completar. Quase falei marido, mas parei a tempo. Pensei em falar namorado, mas achei que seria ridículo para mim pronunciar essa palavra. Amante? Caso? Ficante? Não precisei completar a frase, ela já tinha entendido.

— O Técio tá na casa dele. Ele não mora aqui. E você não tem nada a ver com isso.

— Ué, eu achei que, depois que você se livrou de mim, vocês iam morar juntos...

— Eu não me livrei de você. Eu não tenho o hábito de me livrar das pessoas... como certas pessoas...

— O que você quer dizer?

— Nada.

— Não, você está insinuando que eu me livrei do Orlando. É isso?

— Você entende o que você quiser entender.

— Eu não matei o Orlando! Já te disse isso. Aliás, se você acha mesmo que eu sou um assassino e um pornógrafo, por que você me deixou ficar no seu apartamento?

Marilda pensou um pouco, mas logo retomou o seu tom agressivo.

— Não fique pensando que não vai pagar aluguel não. Meu advogado vai cobrar cada centavo.

— Tudo bem, é seu direito, mas por que você não alugou ou vendeu o apartamento quando eu estava preso?

— Eu não tive tempo de tratar do aluguel do apartamento. Eu trabalho muito, entendeu? E quando você saiu da prisão, eu fiquei com pena de você. Pena! Você foi preso e eu sei lá o que pode ter acontecido contigo na cadeia...

— Não aconteceu nada comigo na cadeia!

Marilda suspirou fundo, levantou-se e tentou mudar o tom da conversa:

— Olha, Moacir, acho que essa nossa conversa não vai nos levar a lugar nenhum. Tudo bem, eu admito que não vejo você chegando ao ponto de matar o Orlando e, mesmo tendo feito uma besteira na frente da própria filha, e mesmo não admitindo que fez essa bobagem, eu acho que você tem direito de voltar a ver a Anita. Mas ela não está em casa agora...

Eu também me levantei.

— Tudo bem, eu volto outro dia, mas eu queria que você fizesse pelo menos uma coisa: você tem que dizer pra Anita que o pai dela não é um assassino!

— Tudo bem, eu posso até dizer...

— Por favor! É importante pra mim.

— Tá bom, eu falo... tudo bem. Tá certo... agora, já passou um tempo, eu não estou mais com tanta raiva de você... eu posso dizer isso sim pra nossa filha...

— Com raiva?

— É, quando a gente se separou eu confesso que fiquei com muita raiva de você.

— Eu é que tinha que ficar com raiva!

— Mas eu também fiquei. Você precipitou tudo, não tinha nada que vir a Brasília! Você me pegou com o Técio e... eu fiquei constrangida. Constrangida e com raiva. E acho que posso até ter tomado algumas atitudes impensadas por conta disso...

— Que atitudes? Ter trazido a Anita pra cá, por exemplo?

— Não, isso eu fiz certo. E faria de novo.

— O que você fez sem pensar direito, então?

— Ah, não sei... algumas coisas... eu deixei as coisas rolarem soltas demais...

— Que coisas rolarem soltas?

— Ah, sei lá... algumas coisas... não devia ter deixado o Técio ficar conversando tanto com o Orlando, por exemplo...

— Peraí! Como assim? O Técio conversava muito com o Orlando?

— O quê? — Marilda se deu conta de que havia ultrapassado algum limite e tentou voltar atrás. — Não, eles só bateram um papo pelo telefone e eu não devia ter deixado. Mas eu estava com raiva e...

— Não, você falou que eles conversavam muito. Por que eles se falavam se nem se conheciam? Eles faziam negócios?

— Que negócios eles podiam fazer? Eles se conheceram sim, eu te disse que o Orlando ligou pra cá. Acho que foi só uma vez.

— Não se faça de sonsa! — O clima ameno já tinha ido embora e a tensão tomou conta de novo da conversa. — Não adianta me enrolar, você disse que eles conversavam muito. Deviam estar armando alguma coisa na Info-Estoque. Por que eles conversavam muito então?

— Nada, já disse. Eu não sei de nenhum negócio de Técio na Info-Estoque.

— O Técio se juntou ao Orlando pra me sacanear na firma?

— Você tá maluco? Tá com mania de perseguição?

— Você disse que eles conversavam muito. Agora eu já sei. O que eles podiam falar tanto? Eles estavam armando contra mim.

E assim, puto da vida, eu me mandei da casa de Marilda. Saí batendo a porta na cara da minha ex-mulher e sem ter visto a minha filha. Meu novo objetivo tinha um nome: Técio. Tinha que encontrá-lo de qualquer maneira.

* * *

Assim que cheguei à portaria, lembrei que o puto do Técio morava naquele mesmo prédio. Decidi que ia pegar o sujeito e tirar a informação que queria na base da porrada. Nem sabia que informação era aquela, mas tinha certeza de que a violência o faria revelar algo. Bastava tocar a campainha do Técio e socá-lo bem até que ele confessasse que havia me sacaneado e que eu era apenas uma vítima em toda essa história. Mas é claro que o meu novo plano tinha algumas falhas, a começar pela certeza que eu tinha naquele momento de que eu resolveria todos os meus problemas com os meus parcos e destreinados músculos. Mas mesmo antes de lidar com esse pequeno contratempo, eu ainda tinha que descobrir em que apartamento o Técio morava. Tentei resolver essa questão da forma mais simples, perguntei ao porteiro.

— O seu Técio mora em que apartamento?

— Seu Técio Domingues? É no 303.

— Obrigado.

Eu já estava me dirigindo para o elevador quando o porteiro falou:

— Não adianta subir não que o seu Técio não tá. Saiu agora há pouco.

Não contava com aquele entrave aos meus planos. Saí do prédio sem saber o que fazer. Resolvi aguardar ali do lado de fora a chegada de meu algoz.

Esperei ali por umas duas horas, sem tirar os olhos da portaria do edifício. Nem pensei na possibilidade de o sujeito chegar de carro e entrar direto pela garagem. Mas a sorte me ajudou, ele chegou num carro oficial, que parou em frente à portaria. Técio saltou do carro, e eu me retesei, pronto para entrar em ação. Mas então a porta continuou aberta e um outro sujeito saiu do carro. Os dois entraram no prédio e eu concluí rapidamente que não conseguiria dar conta de dois sujeitos. Mais uma vez não tinha um plano B e tive que improvisar. Aproximei-me do carro, que continuava parado em frente ao prédio. O motorista lia um jornal.

— Você é motorista do Técio Domingues, não é?

— Sou sim. — O rapaz tirou os olhos do jornal meio sem vontade.

— É que... eu sou amigo dele... foi ele que entrou ali agora, não foi?

— Foi sim, mas ele já vai voltar.

— É mesmo?

O sujeito estava louco pra se livrar de mim e voltar a ler o seu jornal, então resolveu encurtar a conversa e deu a ficha completa.

— Ele tá indo com o assessor dele pro Rio. Só veio em casa pegar umas roupas. O homem não vai ficar aqui nem cinco minutos.

— Então deixa pra lá. Eu só estava passando aqui e queria aproveitar a oportunidade pra falar com ele. Deixa pra outro dia.

— Tá legal. — O motorista voltou a ler o jornal, aproveitando o restinho de tempo que tinha antes de o patrão voltar.

Concluí que não ia conseguir pegar o Técio ali, nem no aeroporto. Mas no Rio eu conhecia o terreno. Precisava cercá-lo no Rio. Mas como é que eu ia fazer? Não tinha grana pra pegar um avião, ia ter que voltar de ônibus. Achei um telefone público e liguei pro Neco.

— Neco. Descobri uma coisa aqui em Brasília...

— Tu tá em Brasília?

— Tô. Depois eu te explico o que aconteceu. Agora presta atenção: a Marilda me cantou a pedra. O Técio tava mancomunado com o Orlando lá na empresa!

— Ela te disse isso?

— Não disse, mas eu concluí. Ele tem culpa nesse cartório. A gente tem que pegar esse cara e descobrir o que ele armou contra mim. — Eu estava excitado. Exaltado, não conseguia parar de falar. Sem dar tempo a Neco de respirar, contei o que estava acontecendo e quais eram os meus planos. Então disse a ele o que queria:

— Você tem que ir agora pro aeroporto, esperar o Técio sair do avião e seguir ele pra descobrir onde ele vai se hospedar.

155

— Calma, Moa, calma! Antes de qualquer coisa, vamos esclarecer uma coisa: voce tá ficando maluco ou já ficou?

— Eu bebi um pouco, mas ainda não estou louco não.

— Entendi, então você ainda está em processo de enlouquecimento. Tudo bem, eu vou te seguir nessa maluquice, mas só tem um problema: eu nem sei qual é a cara desse sujeito.

— Porra, o cara é do governo, deve aparecer em um monte de foto no jornal. Vai no Google e pesquisa.

— Caralho! Tu me mete em cada roubada!

— Vou pegar um ônibus e amanhã cedo eu tô aí.

Dois ninjas em Copacabana

No instante em que me sentei na poltrona do ônibus, o cansaço bateu forte e eu adormeci, mas não dormi muito tempo. Acordei com tudo escuro, olhei para o relógio e vi que ainda eram três da manhã. Tentei dormir de novo, mas não consegui, os olhos cismavam em ficar abertos, e assim foi durante o restante da viagem. Como estava sentado no corredor, não podia nem me distrair olhando pela janela. Tentei gastar o tempo elucubrando sobre o que fazer quando chegasse ao Rio. Não cheguei a conclusão nenhuma, nenhuma ideia aproveitável me passou pela cabeça. Pensei em puxar conversa com o sujeito sentado a meu lado, mas o infeliz dormiu durante todo o trajeto, o puto não acordava nem nas paradas. Finalmente, depois de mais de 15 horas de viagem, o ônibus chegou.

Pisei na rodoviária e, ainda meio zonzo, fui direto para o ponto de táxi. Só quando já era o terceiro da fila que lembrei de minha situação financeira e percebi que a fila que me aguardava era outra. A fila do ônibus estava enorme, mas não esperei muito. Logo apareceu um ônibus e todos que estavam na fila conseguiram entrar e se ajeitar, nem sei como, lá dentro. Viajei em pé durante todo o trajeto. Cheguei em casa uma hora depois. Esbaforido, liguei para o Neco.

— E aí, descobriu alguma coisa? — perguntei de chofre.

— Descobri. Primeiro, descobri que você está me devendo a grana da gasolina que eu gastei pra fazer o que você me pediu. Tô anotando tudo.

— Tudo bem, eu vou te pagar. Assim que tudo se normalizar eu te pago tudo que te devo.

— Então tu não vai me pagar nunca, porque a tua vida pode ser tudo, menos normal.

— Tá bom, chega de lenga-lenga. E aí, seguiu o cara? Onde ele está?

— Onde ele está agora eu não sei.

— Como não sabe? — irritei-me.

— Você acha que eu vou ficar na cola do cara o tempo todo, tu enlouqueceu de vez! Eu sei o hotel em que ele tá hospedado. Não tá bom?

— Tá bom, tá ótimo!

— Hotel Copacabana Palace.

— Caralho!

— Ué, o cara não é coisa no governo? Tu queria que ele ficasse num puteiro?

— Filho da puta, aproveitando as mordomias! Esse cara era tão comunista que tirava a maior onda de morar na zona norte, dizia que era o lugar onde o operariado morava. Vivia apregoando que quem não morava junto ao povão era burguês. E o pior, ele conseguia deixar eu e Marilda com vergonha de morar na zona sul.

— Pois é, agora o cara tá lá no Copacabana Palace. Satisfeito com a informação? Então valeu, anota aí quanto tu tá me devendo...

— Não vou anotar nada! A gente vai agora lá pra porta do hotel pra pegar esse cara.

— A gente quem, cara-pálida?

— Eu e você. Vem pra cá. Tô te esperando.

Nem dei tempo pro Neco responder. Desliguei o telefone e fiquei aguardando. Nem por um segundo passou pela minha cabeça que ele não viria me encontrar. Uma hora depois, o Neco apareceu. Entrou falando algo muito razoável:

— Não sei por que eu vim.

— Tu veio de carro?

— Vim.

— Beleza!

Arrastei-o para a porta do Copacabana Palace. Estacionamos o carro na avenida Atlântica e seguimos a pé pelo calçadão até a frente da entrada do hotel. Nos escondemos atrás de um quiosque de praia e ficamos tomando conta de todos que entravam e saíam do hotel. Para disfarçar, pedimos uma água de coco.

Só depois de duas horas e de bebermos três águas de coco cada um, Neco resolveu questionar a nossa missão:

— Moa, deixa eu te perguntar uma coisa: se o cara aparecer ali na porta do hotel, o que a gente vai fazer?

— Não sei. Me ajuda a pensar nisso. A gente tem que pegar o cara e fazer ele contar o que andou armando contra mim. Eu tenho certeza de que esse cara tem algo a ver com o que aconteceu na Info--Estoque e talvez até com a morte do Orlando.

— O que você quer dizer com pegar o cara? Pegar no sentido de pegar mesmo, agarrar o cara, levar ele prum canto e encher ele de porrada até ele falar?

Lembrei-me de meus delírios na porta da casa de Marilda em Brasília.

— Acho que sim.

— Mas como é que a gente vai fazer isso? Digamos que a gente agarre o cara, onde a gente faz isso tudo que você disse? Aqui na porta do hotel?

— É, aqui não dá. A gente leva ele lá pra casa.

— Na sua casa? Mas como é que se pega um cara desses? Ele deve estar sempre com algum segurança...

— É, precisamos pensar nisso. Vamos fazer o seguinte: a gente segue ele pra descobrir como é a rotina do cara. Então, se rolar alguma chance, a gente dá o bote.

Neco saiu dali e sumiu por alguns instantes. Fiquei nervoso, achei que ela havia desistido, mas 15 minutos depois ele voltou.

— Onde você estava?

— Fui comprar isso. — Ele me mostrou duas toucas pretas.

— Pra que essas toucas?

Neco colocou a touca na cabeça tampando todo o rosto. Então ele pegou uma faca emprestada do vendedor do quisoque e fez dois furos na touca. Colocou a touca novamente, agora ela só deixava os olhos de fora.

— Que isso? Touca ninja?

— Exatamente. — Ele fez o mesmo na outra touca e me deu.

— Se é pra pegar o cara, tu não vai querer que todo mundo veja que somos nós, não é mesmo?

Concordei com Neco, admirando a sua perspicácia. Continuamos por mais duas horas ali no quiosque, olhando para a porta do Copacabana Palace. Depois de algum tempo, o dono do quiosque cansou de olhar feio em nossa direção. Percebeu que a nossa intenção era mesmo ficar ali por muito tempo e era melhor esquecer da gente. Então, num momento em que eu estava distraído olhando algumas moças que passavam correndo, o Neco me cutucou.

— Olha o cara saindo!

— Caraca! — Assustei-me. — É ele mesmo!

Levantamos e fomos andando em direção ao hotel, mas logo nos detivemos quando vimos que o Técio ficou parado na porta do hotel. Logo, um sujeito trajando um terno preto se colocou ao seu lado. Em seguida, um carro estacionou na porta do hotel e o cara de terno abriu a porta. Técio entrou no carro. O sujeito de terno entrou em seguida e partiram.

— Ele saiu de carro. A gente não pensou nisso.

— Mas como é que a gente ia fazer? Só se a gente esperasse dentro do meu carro. Não dá pra estacionar perto.

— Merda! O Técio se mandou e a gente ficou aqui tomando água de coco. — Eu estava desconsolado.

— Calma, Moa. O cara estava com um segurança, e no carro tinha um motorista. Como é que a gente ia pegar ele?

— É, mas agora a gente não sabe pra onde ele foi. — Pensei um pouco e concluí que nem tudo estava perdido: — Se bem que ele vai voltar por hotel...

— A não ser que ele vá direto para o aeroporto.

— Mas ele não levou mala.

— Então deve voltar. Vamos esperar.

Resolvemos esperar em outro quiosque, uns 200 metros adiante. A visão era até melhor. Neco conseguiu estacionar o carro mais perto do hotel. A distância ainda era grande, mas, se o carro do Técio demorasse a chegar na porta do hotel, a gente podia tentar segui-lo.

Técio voltou no final da tarde. Chegou no mesmo carro e sumiu dentro do hotel. Continuamos nossa vigia.

Por volta de dez da noite, Técio saiu de novo do hotel, acompanhado por seu segurança e dessa vez também por uma mulher, uma morena deslumbrante num minivestido que deixava suas pernas espetaculares à mostra.

— Olha a morena que tá com o cara! — Neco babava.

— Filho da puta!

— Que mulherão, meu irmão, sensacional! Essa galera do poder sabe poder.

— Porra, que absurdo! — Eu fiquei revoltado. — O cara sai com uma puta e em carro oficial!

— A puta também deve ser oficial. Uma mulher desse quilate deve ser do Puteiro Oficial da República...

— Que escroto! E a Marilda lá em Brasília...

— Como é que é? Tu tá com pena da Marilda porque o cara tá corneando ela? O corno solidário com a corna que corneou ele, um raríssimo caso de tricornite.

— É, a Marilda que se dane! — tentei consertar.

— Não. Pode confessar que você ficou puto por causa da Marilda. Que babaca!

— Eu quero que ela se foda! Eu fico puto porque o cara não tem ética.

— Ah, pode te cornear, mas depois tem que ser ético e ficar com a mulher. Não foi falta de ética tirar a Marilda de você?

— Não estou com pena da Marilda, eu estou pasmo por ver um cara importante do governo que vem ao Rio a trabalho, ou dizendo que está a trabalho, saindo com uma vagaba dessas.

— Vagaba de responsa... Você pode até estar puto com o cara, mas ele escolhe bem 'pra caralho. A morena é de fechar o comércio. Ou o Ministério do Comércio. Ou o... qual é o ministério do cara mesmo?

— Chega de papo e vamos tentar pegar o carro pra seguir o sujeito.

— Pra quê? O cara vai jantar com a gostosa e depois vai voltar pro hotel, subir com a moça e comer ela. Se é que já não comeu.

O carro chegou. Técio e o mulherão entraram atrás, o segurança embarcou no banco do carona. O carro partiu.

— Será que o segurança participa da foda também? — Neco estava se divertindo.

Mais uma vez fiquei sem saber qual o próximo passo a dar.

— É melhor ir pra casa. Você tem razão, hoje não vai rolar mais nada...

— Nada pra gente. O cara tá com a noite ganha.

— Amanhã a gente volta.

Até aquele instante, eu não havia tido muita dificuldade em convencer Neco a me acompanhar naquela loucura que era seguir um membro do governo com a intenção de fazer algo com o sujeito que eu nem sabia bem o que seria. Mas, no final da noite, acho que Neco cansou.

162

— Amanhã não vai rolar não... Adorei a brincadeira de pique-
-esconde, me diverti à beça, mas amanhã eu tô fora.

— Vai arregar agora?

— Qual é o problema? Eu não fui corneado, não fui preso, não
matei ninguém...

— Epa! Peraí! Eu também não matei. Já te falei isso.

A nossa discussão durou mais de uma hora. Neco não queria
continuar seguindo o Técio no dia seguinte e nenhum de meus argumentos o convencia do contrário. Nem quando expliquei que, se não
agarrasse o Técio e o fizesse contar o que sabia, eu seria obrigado a
fugir do país para não ser preso de novo e ele nunca mais me veria.
Cagou para a minha pessoa.

— Graças a Deus! Assim eu não vou precisar mais te seguir nessas maluquices.

Tentei de tudo, tentei deixá-lo culpado, ameacei dar porrada,
disse que nunca ia pagar a grana que lhe devia, tentei até chantageá-lo
denunciando para o irmão de dona Ivana que ele a havia traçado, mas
nada o intimidou. Neco estava mesmo decidido a me largar sozinho
naquela empreitada. Mas então me lembrei de usar um argumento
que talvez funcionasse com Neco.

— Se a gente pegar o cara, quem sabe a gente não faz ele soltar o
telefone daquela gostosa?

— Que gostosa? — Neco se interessou imediatamente.

— A morenaça que saiu com ele essa noite.

— Aquela? — Neco ficou pensativo. Pela primeira vez em mais
de uma hora meus argumentos fizeram alguma cosquinha em seu
cérebro.

— Mas ela deve ser muito cara, é puta de alto coturno...

— Cara pro Técio que é um bundão. Pra você ela pode até dar
um desconto. Aliás, se eu te conheço, tu é capaz de conseguir até de
graça.

— É, pode ser.

— Então, amanhã aqui de novo? Sete horas?

— Não. Pode esperar sentado.

Mas eu sabia que eu não precisaria sentar.

* * *

Mal dormi à noite. Às seis e meia já estava postado em frente ao Co-pacabana Palace, olhando atentamente para a portaria. Eu sabia que o Técio não apareceria tão cedo, mas mesmo assim, cada vez que alguém saía do hotel, eu achava que era ele. Ansioso, também não tirava os olhos das duas ruas ao lado do hotel, por onde esperava a chegada do Neco.

Às sete e dez ele chegou.

— Eu sabia que você vinha — falei, rindo.

— Pois é, cara. Eu vim porque eu sou teu amigo...

— Não, você não veio porque é meu amigo. Você veio porque tá a fim da morena e acha que de alguma maneira vai conseguir pegar ela estando aqui.

— Não, na boa, eu vim porque tô preocupado contigo. Isso que você tá fazendo não vai te levar a lugar nenhum. Pensa um pouco: o cara é coisa às pampas no governo, veio ao Rio pra trabalhar, só vai sair desse hotel acompanhado por seguranças, vai rodar em carro oficial o tempo todo... tu não vai conseguir pegar esse cara nunca! E digamos que você, por uma sorte do caralho, consiga pegar ele, o que você vai fazer?

O Neco continuou falando sobre a sua preocupação com a minha sanidade, mas eu mal escutei o que ele dizia. Lembro apenas de algumas partes esparsas de seu discurso, quase sempre em torno da temática "você tá louco". Ouvi coisas do tipo "você tem que procurar um psicólogo", "tem que tratar da sua cabeça", entendi perfeitamente o que ele estava tentando me dizer. Mas como levar a sério uma conversa que vinha da boca de um sujeito totalmente pirado como o Neco? Deixei ele falando sozinho e passei a prestar mais atenção na portaria do hotel. Então exatamente às sete e trinta, enquanto Neco ainda tentava me convencer da minha maluquice, o Técio saiu do hotel. Vestia um short e uma camiseta e calçava tênis. Estava sozinho.

— Olha lá ele!

— Onde? — Neco assustou-se e interrompeu o seu discurso.

— Ali, na porta do hotel. Ele tá saindo pra correr. E tá sozinho.

— Nossa, é verdade...

— Bora, vamos nessa.

Neco esqueceu toda a sua teoria sobre a minha insanidade e entrou de novo na minha onda. Saímos correndo em direção ao carro e então tudo aconteceu muito rápido. Técio tinha ido fazer seu jogging pela pista de bicicletas do calçadão da avenida Atlântica. Pegamos o carro e nos desvencilhamos do trânsito, até alcançar a pista da direita da avenida Atlântica. Neco veio dirigindo à margem da pista de ciclistas, mantendo uma distância de apenas uns 5 metros de Técio, que não havia percebido que estava sendo seguido. Então, ultrapassamos Técio e paramos cerca de 100 metros a sua frente. Colocamos a touca cobrindo as nossas caras. Quando Técio passou por nosso carro, abrimos as portas rapidamente e fomos em sua direção. Como eu estava no lado do carona, cheguei antes e me coloquei na frente de Técio. Ele ainda esboçou se desviar de mim, mas eu o agarrei e logo fui ajudado por Neco, que chegou alguns segundos depois. Arrastamos Técio para o carro e o jogamos no banco de trás. Neco entrou logo em seguida, sentou-se do lado de Técio e bateu a porta. Eu dei a volta pela frente do carro e peguei o volante. Partimos cantando pneu.

Técio estava com medo, mas, para nosso espanto, parecia entender o que acontecia. Começou a falar sem parar:

— Calma, gente, não precisa agir com violência... eu vou pagar! Fiquem calmos que eu vou pagar!

Ficamos em silêncio. Técio, assustado, repetia:

— Eu vou pagar! Pode dizer pro seu chefe que eu vou pagar!

Pelo jeito, o nosso silêncio deixava o homem cada vez mais nervoso. Mesmo sem saber, estávamos nos comportando como sequestradores profissionais. Na verdade, nós não tínhamos a menor ideia do que dizer naquele momento. Então, depois de um tempo, o Neco resolveu falar.

— Vai pagar mesmo?

— Eu vou pagar ao Adriano! Vou pagar! — Técio respondeu.

— Pagar quem? — Neco perguntou sem saber a quem o Técio estava se referindo.

— Vocês são da parte do Adriano, não são? Eu tô devendo o dinheiro dele, eu assumo a dívida. Eu vim ao Rio justamente para pagar o que eu devo a ele. Eu vou pagar, pode falar pra ele, não precisa me machucar não! — Técio continuava pedindo desesperado. Quanto mais ele falava, mais raiva me dava. Não sei se a minha raiva era por não estar entendendo nada do que Técio falava, ou por ele estar com medo de alguém que não era eu. A vontade que eu tinha era de lhe dar uma porrada para ele parar de falar aquele monte de coisas sem sentido, mas eu estava no volante e não podia alcançá-lo. Com raiva, gritei para trás:

— Cala a boca! Cala a boca, porra!

Técio se calou. Pelo retrovisor pude ver a sua expressão de medo. Tive vontade de rir. Aquele babaca metido pra cacete, que vivia fazendo discursos corajosos de tomada do poder, que se jactava de ser o fodão na luta contra o capitalismo e que, depois que ganhou poder, achava que podia fazer o que quisesse, estava se cagando de medo ali no banco de trás.

Então, o Neco falou:

— Ô Moa, tu conhece algum Adriano?

— Moa? — A expressão de medo do rosto de Técio mudou instantanemente e ele voltou a ser o velho Técio com cara de babaca metido que eu sempre conheci. — Moa? Moacir Stein? É você?

Tentei manter o meu disfarce.

— Moacir Stein é o cacete! Cala a boca, senão eu ligo pro Adriano e peço permissão pra te capar. — Tentei me fingir de mau, mas a minha interpretação não foi grande coisa e não deu nem pra começar a enganar o Técio.

— Não, é você mesmo! Moacir Stein! Eu tô reconhecendo a sua voz.

Resolvi abrir o jogo.

— Sou eu mesmo. — Tirei a touca e mostrei a minha cara.

Neco não perdeu tempo e também se livrou da touca.

— Ah, até que enfim a gente pode tirar essa parada. Tava morrendo de calor.

— Graças a Deus é você! — Técio se recostou no banco. — De você eu não tenho medo.

— Qual é, meu irmão? — Neco tomou as minhas dores. — Se eu fosse você, eu ficava com medo do Moa.

— Se você é amigo dele, eu também não tenho medo de você.

Então eu ouvi um barulho no banco de trás; quando olhei pelo retrovisor, o Técio parecia ter adormecido.

— O que você fez, Neco?

— Dei um socão nos cornos dele.

— Caralho! Como é que você me dá um soco no cara?

— Ele começou a tirar muita onda. Qual é a dele? Não tem medo de você? Não tem medo de mim, só porque eu sou seu amigo? Qualé?

— Mas precisava apagar o cara?

— O soco nem foi tão forte assim, mas pelo jeito ele é meio bundão. Desmaiou.

— Será que ele tá fingindo?

Neco balançou Técio, mas ele estava mesmo apagado, não teve nenhuma reação.

— O cara tá mesmo apagadão. Nem eu sabia que o meu soco tinha essa potência.

— Tu não matou o Técio não, matou? — perguntei preocupado.

— Deixa eu ver. — Neco se aproximou do rosto do Técio e tentou ver se ele respirava. — Acho que não. O cara tá só dando uma dormida. Melhor assim, agora a gente pode seguir em paz.

Alguns minutos depois o Técio acordou. Seguiu o resto da viagem calado, meio atordoado, desconfiado dos gestos de Neco, achando que podia levar outro socão a qualquer momento. Conseguimos levá-lo até o meu apartamento, sem que ele esboçasse qualquer reação. Toda vez que trocava olhares com Neco, esse mostrava o punho fechado e o Técio desviava o olhar, desistindo de qualquer tipo de reclamação. Neco, animado com o poder que o seu soco revelou, comandava as ações. Assim que entramos em casa, ele mandou Técio se sentar numa cadeira na sala e ficar com as mãos para trás. E então começou a me dar ordens.

— Pega uma corda.

— Corda? Pra quê?

— Pra amarrar o cara.

— Aqui em casa não tem corda.

— Tem varal?

— Varal tem. Mas o que você quer com o varal? Pendurar o Técio?

— Tu emburreceu, Moa? Claro que não! Varal tem corda. Vai lá e arranca a corda do varal.

— Arrancar? Mas vai estragar o varal.

— E tu usa o varal? Aposto que depois que a Marilda saiu daqui tu nunca nem entrou na área de serviço.

168

Não argumentei mais. Fui até a cozinha, peguei uma faca e cortei a corda do varal. Dei a corda pro Neco.

— O cara é todo seu. — Ele me mostrou o Técio com as mãos amarradas atrás da cadeira.

— Todo meu?

A primeira parte do meu atabalhoado plano de capturar Técio havia dado certo. O cara estava ali, na minha frente, subjugado e pronto para responder a todas as minhas perguntas, só me restava saber que perguntas eram essas. Como eu demorei para começar o meu interrogatório, Neco resolveu me dar uma força e fez a primeira pergunta:

— Começa dizendo quem é esse tal de Adriano pra quem você deve uma grana e de quem tu tá se pelando de medo.

— Eu vou logo avisando que não vou abrir a boca — Técio respondeu.

— Quem é esse cara? — Neco aumentou o tom.

— Não conheço nenhum Adriano.

Achei que Neco ia dar outro socão no cara, mas ele não o fez. Repetiu a pergunta mais uma vez.

— Quem é Adriano?

O Técio nem se mexeu. Não parecia mais ter medo de levar um soco. Mantinha a postura, olhando para a frente sem esboçar reação. Depois de mais algumas repetições da pergunta sem resposta, eu chamei Neco. Entramos em meu quarto. Fechei a porta.

— Por que você não dá outro socão nele?

— Que isso? Tá me achando com cara de capanga torturador?

— Mas no carro você deu um soco nele.

— Ele tava tirando onda com a minha cara.

— E agora, ele não tá tirando onda?

— Eu tenho medo de machucar ele... Pô, o cara desmaiou lá no carro.

— Pode machucar. O cara é um filho da puta, ele roubou a minha mulher!

— Mas não roubou a minha. Eu não tenho nada contra esse cara, por que vou dar um soco nele? Dá você! Ele te corneou, te sacaneou não sei como, lá na sua empresa. Dá um soco nele!

— Eu não sou do tipo que dá soco.

— Nem eu.

— Ah, não? E como é que você explica o soco do carro?

— Aconteceu. Mas agora eu não consigo mais.

Voltamos para a sala e eu tentei uma nova abordagem.

— Você não achou que podia ser eu naquele carro, achou? Tenho certeza de que tomou um sustão quando viu que era eu. Quem você achou que podia ser? Um bandido? Um sequestrador? O tal do Adriano? Eu não sei quem é esse cara, mas sei que você morre de medo dele. Na verdade, eu acho até que já ouvi esse nome, mas não estou conseguindo saber onde. De repente se meu amigo te der mais um socão daqueles, você me ajuda a lembrar. Você quer mais um soco?

Técio continuou calado.

— Você desmaiou com o soquinho do meu amigo. Tá fora de forma, hein, Técio! O poder tá te fazendo mal. Antes, quando tu era oposição, ficava se vangloriando que aguentava porrada da polícia, que seguraria a onda numa sessão de tortura na ditadura e coisa e tal. Agora um soquinho de nada e pumba, tu caiu duro. Tu não foi torturado na ditadura, foi? Aposto que se tivesse sido, tinha entregado até a mãe.

Técio continuou calado, mas dava para ver o esforço que fazia para manter a postura. Aquela história de tortura na ditadura havia tocado em algum ponto nevrálgico, o cara estava ficando puto. Percebi e insisti.

— Todo militante de esquerda tem alguma história da época da ditadura, mas eu não tô lembrando da sua. Não foi torturado, que pelo jeito tu não aguenta isso, não foi exilado que eu nunca ouvi nada sobre isso. Onde é que você estava na ditadura? Será que você era cana?

O sujeito chegou a soltar um pequeno grunhido nessa hora, eu estava conseguindo mexer com os seus nervos. Tinha certeza de que um soquinho, por mais fraco que fosse, o faria abrir a boca, e comecei a sinalizar isso para o Neco. Piscava, mexia a boca, cheguei a mostrar o punho fechado, indicando a Neco que aquela era a hora de entrar com o seu soco, mas o meu amigo não reagia. Em vez disso me chamou para ir até o quarto.

— O que que você tem? Algum tique?

— Porra, você não tá vendo que o cara tá ficando puto e que, se você der um tabefe nele, ele vai estourar?

— Eu já te disse que não vou mais bater no cara. Me arrependi do que fiz no carro. Quase matei o cara. Eu sou mais forte do que pensava, não sei se consigo controlar a minha força.

— Que babaquice é essa? Claro que consegue!

— Não adianta, Moa, eu não vou bater no cara. Tenta outro tipo de tortura. Já pensou em fazer cosquinha? Quando eu era moleque o meu irmão me fazia cosquinha e eu fazia qualquer coisa pra ele parar.

— Cosquinha? Tu tá de sacanagem! Tu já viu alguém torturar com cosquinha?

— Então tenta outra coisa. Uma bacia d'água. Tu megulha a cabeça dele numa bacia cheia d'água e só tira quando o cara não tiver mais aguentando.

— Tá maluco? Eu não vou fazer isso!

— Choque elétrico.

— Para, Neco. Eu não vou torturar o cara. Só estou pedindo pra você dar um tapa nele.

— Se é só um tapa, dá você!

— Eu não sei dar tapa.

— Então vai lá e continua xingando o cara, continua fazendo o que você tá fazendo, vai que ele enche o saco e resolve falar tudo só pra não ter mais que te ouvir.

Voltei contrariado para a sala. Supreendentemente o Técio resolveu abrir a boca.

— Preciso falar uma coisa.

— Arrá! Finalmente você resolveu soltar o verbo. Cansou de ouvir as verdades que eu tinha pra te dizer, não é? É isso mesmo, a verdade dói, Técio. E doeu tanto que você resolver abrir o bico, certo?

— Eu tô com fome.

— Como é que é?

— Tô com fome. Vocês me pegaram cedo, eu nem tinha tomado café, tô cheio de fome. Não sai um rango?

* * *

Como já era quase meio-dia, pedimos logo o almoço. Filé com fritas do restaurante da esquina. Eu fui contra, achava que devíamos dar qualquer merda para o nosso prisioneiro, mas Neco acabou me convencendo, não sei como, que não tinha nada demais dar um prato igual ao nosso ao prisioneiro. Tivemos outra refrega para decidir se soltávamos ou não o Técio para que ele pudesse comer. Eu fui mais uma vez contra, mas Neco me convenceu com o argumento final de que seria ridículo dar comidinha na boca de um prisioneiro. Assim, proporcionamos ao Técio uma das melhores refeições que um sequestrado já teve.

Assim que terminou de raspar o prato, Técio perguntou:

— Tem sobremesa?

— Claro que não. Tá pensando que é o quê?

— Eu comprei uma torta alemã, as fatias são grandes... — Neco já partia em direção à cozinha.

— Eu adoro torta alemã — Técio lambeu os lábios.

— Sobremesa é demais, Neco! É demais! Aí já é muita desmoralização.

Dessa vez, Neco concordou comigo e voltamos a amarrar o Técio na cadeira. Pegamos os dois pedaços de torta alemã e comemos na frente do Técio. Só pra sacanear, eu fiz questão de passar cada colherada bem embaixo do nariz do Técio. Foi o mais próximo que chegamos de uma seção de tortura.

Depois do almoço, eu resolvi mudar de tática. Já que Técio se recusava a falar, eu falei. Pensei um pouco na maneira de começar a desfilar a minha versão dos acontecimentos, logo decidi começar acusando.

— Eu sei que você já estava de olho na Marilda desde que a conheceu. Acho até que você entrou para a política mais por conta das militantes do que da ideologia.

Minha primeira investida foi certeira, pois consegui a primeira reação de Técio, um sorriso, mínimo, quase um esgar, mas perceptível. Técio logo tratou de consertar e voltou a ficar sério. Eu continuei:

— Você fingia que o seu interesse era puramente ideológico, dizia às militantes que vocês estavam no mesmo vagão da história, mas o que você queria mesmo era sair traçando todo mundo. Você sempre foi um merda, Técio, mas ali naquele comitê do partido você conseguiu, nem sei como, virar um dos mandachuvas. Então veio a eleição de 2002 e você percebeu que a coisa podia crescer. E que o seu poderzinho podia virar um poder bem maior. Você nunca foi interessado em melhorar o Brasil, em melhorar a situação da classe trabalhadora, nada disso. O que você queria, e quer, é se dar bem. E se até ali o que conseguia com a sua posição no partido era ganhar coisinhas pequenas, pequenas batalhas e militantes deslumbradas, agora você sabia que ia poder bem mais! — Fiz uma pausa para pegar ar e logo ataquei de novo. — Eu tenho certeza que tu armou a parada toda pra ganhar a

Marilda, tu sempre foi a fim de pegar ela! Então, quando foi pra Brasília, armou uma vaga pra ela perto de você. Até um apartamento no mesmo prédio você conseguiu! Não sei mais o que prometeu, mas ela acreditou em tudo. As coisas não aconteceram por acaso como ela me disse, você armou tudo!

Técio ouvia tudo calado, fingindo olhar para a janela. Eu continuei:

— E você ganhou muito mais com essa sua posição de poder. É, porque apesar desse verniz de esquerda, desse discurso em prol dos trabalhadores, você não passa de um político tradicional, que só quer se dar bem. Só quer grana, luxo, mulheres, carros e mais poder!

Técio continuava fingindo que havia algo muito importante acontecendo lá fora, pois não tirava os olhos da janela.

— Eu sei que você conheceu o Orlando. Ele não parava de falar pra mim que a Info-Estoque podia se dar bem no governo, que podia conseguir contratos bons com o governo. E eu tenho um palpite: ele conseguiu isso com você! Não sei como, não sei o quê, mas a Info-Estoque cresceu muito depois que eu saí de lá e só pode ter sido porque o Orlando negociou algo com você. Não sei qual é a culpa que você tem na minha saída da empresa, mas acho que está metido nisso de alguma maneira também. Eu tenho certeza de que você e Orlando se associaram de alguma maneira. Foi isso ou não foi?

Técio fingia que não me ouvia. Mudou a sua posição e passou a olhar para a porta da cozinha.

— Pois é, o que eu acho é isso: você armou pra roubar a minha mulher, armou pra me tirar da empresa e, de alguma maneira, está envolvido na morte do Orlando. Eu não sei quem matou o Orlando, mas eu tenho certeza que você tem algo a ver com isso. — Apontei o dedo para a sua cara.

Então Técio afastou a minha mão de sua cara e deixou de procurar algo na janela, deixou de fingir ver alguma coisa na cozinha e olhou para mim. Permanecemos olhando um para o outro por algum tempo, calados. Foi Técio que quebrou o silêncio.

— Peraí. Você está dizendo que não matou o Orlando?

— Claro que eu não matei!

Técio ficou olhando para a minha cara, pensando.

— Não foi você mesmo? — Pensou mais um pouco. — Eu tinha certeza de que tinha sido você. Achei que você tinha canalizado no Orlando toda a sua raiva pelas merdas que estavam te acontecendo e acabou dando um tiro nele.

— Eu não matei ninguém! Nem um cara como você, que me fodeu, eu tive coragem de matar.

— É... pode mesmo não ter sido você. Você não tem coragem pra porra nenhuma!

Quase concordei com ele, mas me contive a tempo de pagar esse mico.

— Peraí, se não foi você, a coisa muda de figura... — Ele fez uma pausa, mas logo continuou: — Moacir, eu acho que sei quem matou o Orlando e proponho um acordo com você.

— Acordo? — A minha primeira reação foi agressiva, fiquei puto com aquele sujeito, que, mesmo amarrado a uma cadeira, tinha a cara de pau de propor um acordo. — Qualé, meu irmão? Tu fica calado aí, não abre o bico e de repente propõe um acordo? Não tem acordo não!

Neco, que estava calado em seu canto, só ouvindo a minha versão da participação de Técio em meus infortúnios, resolveu entrar na conversa.

— Ouve o que ele tem a propor, Moa.

— O único acordo que pode haver é ele abrir o bico e, dependendo do que ele falar, eu resolvo o que faço com ele.

— Não, o acordo não é esse. — Técio estava tomando as rédeas da situação: — O acordo é outro. Ô Moa, você deve estar maluco. Então tu sequestra um alto funcionário do poder Executivo e acha que isso vai ficar assim, que você sai dessa impune? A única chance que você tem de sair mais ou menos ileso dessa babaquice que você armou pra mim é aceitar um acordo comigo.

— O cara tá certo, Moa. Ouve o que ele tem a dizer. — Neco era, incrivelmente, a voz da razão.

— Qual é o acordo? — Acho que foi por curiosidade que resolvi ouvir a proposta do Técio. O que mais eu tinha a fazer?

— Ah, assim é melhor. — Técio abriu um sorriso de vitória que quase me fez finalmente dar o soco que por tanto tempo eu e Neco não tivemos coragem de dar. Mas o momento tortura já havia passado.

— O acordo é o seguinte: vocês me soltam, eu digo quem eu acho que matou o Orlando, vocês pegam o sujeito e me entregam ele. Duas semanas. Se não pegarem ele em duas semanas, eu entrego vocês à polícia.

— Que merda de acordo é esse?

— Um ótimo acordo. Vocês se livram dessa cagada que arrumaram me sequestrando e ainda pegam o verdadeiro assassino do Orlando.

— Duas semanas?

— Eu tenho que te dar um prazo, duas semanas eu acho justo.

— E o que você ganha nisso?

— Isso é coisa minha.

— Não, peraí, como é que eu posso saber se o acordo é bom, se eu não sei o que você ganha com isso? Você pode estar só me enrolando.

— Tá certo, você tem razão. O cara que matou o Orlando tá me chantageando, eu quero botar as mãos nele. Se você pegar ele pra mim, eu vou ficar muito agradecido, e a minha gratidão vai ser paga esquecendo essa cagada aqui.

— Por que esse cara tá te chantageando?

— Isso eu não vou dizer. Certamente você vai descobrir quando pegar o cara. E vai esquecer o que descobriu, senão eu esqueço a minha parte do acordo.

— E como é que você sabe que foi ele que matou o Orlando?

— Só pode ter sido essa pessoa. A outra possibilidade é ter sido um assalto, mas se foi isso ninguém vai nunca descobrir o bandido. Então a sua única chance de se livrar dessa acusação é essa, o assassino ter sido quem eu acho que foi. A não ser que você esteja mentindo e tenha mesmo encaçapado o Orlando!

— Eu não encaçapei ninguém! Eu não sou assassino, já falei! Preciso de um tempo pra pensar em sua proposta.

— Dez minutos.

— Vai tomar no cu!

Fui para o quarto e Neco me seguiu. Eu não queria fechar nenhum acordo com o Técio, aquilo era humilhante! Estava puto por ter deixado o sujeito tomar a frente da negociação. Fui eu que peguei ele, fui eu que amarrei o cara, pela teoria eu estava com a faca e o queijo na mão. Era eu que tinha que propor algum acordo, não aquele filho da puta!

— O acordo é bom. Fecha logo! — Neco tentava me acalmar.

— Esse filho da puta tá sempre me fodendo!

— Dessa vez ele tá do seu lado.

— Eu não posso estar do mesmo lado desse cara.

— O acordo é bom. Esse cara tá sabendo de alguma coisa que a gente não sabe.

— E se ele estiver mentindo?

— É melhor apostar que é verdade, senão você tá fodido mesmo.

— Mas e se for uma jogada dele?

— E aí? Se você não topar esse acordo, o que você vai fazer? Matar ele?

— Me deixa sozinho, eu preciso pensar.

Neco saiu. Deitei em minha cama e tentei pensar em alguma estratégia alternativa para resolver aquele impasse. De que adiantava ter o Técio em minhas mãos se eu não tinha a menor ideia do que fazer com ele? Eu sabia que não tinha saída, que tinha que aceitar o acordo do Técio, mas resolvi me fazer de difícil. Demorei quase meia hora para voltar para a sala. Encontrei Técio e Neco numa animada conversação. Técio estava solto.

— Você tá solto?

— Eu soltei ele — Neco assumiu.

Respirei fundo e esperei alguns segundos antes de dar a minha resposta. Finalmente falei:

— Eu aceito o acordo.

— Ótimo! — Técio se levantou e já se dirigindo para a porta falou: — O nome do sujeito é Adriano Pacheco.

— Adriano? Foi esse nome que você falou no carro quando a gente te pegou.

— Esse mesmo.

— Eu já ouvi esse nome, não me lembro onde...

— Na Info-Estoque. Ele foi o advogado da sua estagiária. Foi ele que te acusou de assédio sexual.

Técio nem me deu tempo de reagir. Saiu voando porta afora.

— Porra, o cara se mandou! — Neco gritou. — E nem deu tempo de pegar o telefone da morena gostosa.

Em busca de Adriano

A única pista que tínhamos do tal do Adriano Pacheco era que esse sujeito trabalhou na Info-Estoque. Sabíamos também que ele conhecia alguma sujeira do Técio e o estava chantageando por conta disso. Lembramos da cara de medo do Técio no carro, quando ainda não sabia que os encapuçados éramos eu e o Neco, e concluímos que o tal do Adriano devia saber de coisa à beça e não estava brincando.

— Era o adevogado — eu disse ao Neco.

— Advogado, Moa. Tu emburreceu? É advogado, não tem o "e" no meio.

— Eu sei. Era assim que a estagiária falava, adevogado. Aquela escrota era meio burrinha. Entrou com o sujeito na minha sala e tentou me dar um golpe.

— Peraí, vamos fazer algumas correções. Pelo que eu sei, a moça não tem nada de escrota, ela é uma baita de uma gostosa. Foi o que você sempre disse.

— Gostosa pra caralho, mas uma escrota, que queria se dar bem em cima de mim.

— E pelo que eu sei — o Neco continuou a sua correção — a moça não tentou dar um golpe. Ela deu um golpe. Não foi o assédio a gota-d'água pro Orlando te tirar da empresa?

— É, foi... — comecei a pensar um pouco — será que esse Adriano, esse adevogado não era advogado coisa nenhuma? Será que o cara estava se fazendo de advogado, me dando um susto pro Orlando ter mais um motivo pra se livrar de mim?

— Sei lá! Pode ser, mas de que adianta ficar pensando no motivo? A gente tem é que achar o cara. Tu sabe onde anda essa gostosa?

— Por que, tu quer pegar?

— Até quero, mas não é isso que eu tô pensando. É que ela pode saber onde esse adevogado anda.

— Claro, Neco! Claro! Tu é um gênio! Vamos achar a Viviane. Eu peguei o endereço dela pra levar ela pra jantar, mas acabou não rolando... deixa eu me lembrar...

Não consegui lembrar nem do bairro. Tivemos um certo trabalho para conseguir descobrir o endereço da moça. Na verdade, o trabalho foi do Neco, que teve que voltar a ligar para dona Ivana, sair de novo com ela, voltar a traçar a minha ex-secretária e arrumar uma desculpa para conseguir o endereço da estagiária, que dona Ivana mantinha em sua agenda.

Viviane dividia um apartamento com uma amiga na Tijuca. Fomos até o endereço e falamos com o porteiro, que disse que ela não morava mais ali, mas a sua amiga talvez soubesse o seu novo endereço. Esperamos por quase uma hora pela chegada da amiga.

— Caraca, olha só quem mora aqui! — Neco deu um pulo da mureta onde esperávamos sentados. — A Debora Secco e a Mariana Ximenes, as duas juntas!

— Não são elas, Neco. Mas realmente são muito parecidas... são maiores um pouco...

— Mais gostosas um pouco, mais maravilhosas... o que é isso, meu irmão? — O cara não conseguia nem se expressar direito, quicava de excitação. Foi quando o porteiro veio em nossa direção.

— Olha, a moça que morava com dona Viviane é aquela ali.

— A Debora Secco?

— É, parece, né? — o porteiro admitiu. — Mas não é não. É a outra, a lourinha.

— A Mariana Ximenes?

— Parece também, né? — o porteiro concordou.

— Vamos lá falar com elas — Neco me puxou com força.

180

— Calma, não é assim. A gente tem que pensar como vai abordar o assunto, tem que planejar... — eu disse, segurando o meu amigo.

— Planejar é o cacete! — Neco estourou. — Tu segue um graúdo do governo, sequestra o cara, tudo sem plano, e na hora de falar com as mulheres mais gostosas que passaram na nossa frente, tu tem que planejar? Vai se foder! Vamos nessa! — Neco me puxou com força em direção às duas moças. Alcançamos elas no hall dos elevadores.

— Oi! Tudo bem? — Neco começou assim a conversa.

— Oi — as duas responderam juntas, simpáticas.

— Meu nome é Neco. A gente tava querendo falar com a Viviane. É que eu sou um primo dela, lá de Jundiaí, e o Moa, aqui, é meu amigo lá de Jundiaí também. É que a gente tá dando uma passada no Rio, de férias, sabe... e a única pessoa que eu conheço aqui é a minha prima, e o endereço que eu tenho da Vivinha é esse, mas o porteiro me disse que ela não tá mais morando aqui...

— Vivinha? — as duas perguntaram juntas, rindo bastante.

— Engraçado esse apelido — Debora Secco falou.

— A gente conhecia ela como Vivi — Mariana Ximenes concluiu.

— É, Vivinha era como a gente chamava ela quando ela era pequena, apelido de infância, sabe. A Viviane era muito esperta, então a minha tia Clotilde chamou ela de Vivinha, porque ela era muito viva, entendeu?

A história de Neco colou. As duas moças riram bastante, adoraram o apelido. Então a Mariana Ximenes falou:

— Eu dividia o apartamento com a Vivinha — ela riu quando falou o apelido —, mas aí ela arrumou um namorado e saiu pra morar com ele. Aí a Pat entrou no lugar dela.

— E você sabe onde ela mora agora? — fui eu que perguntei e a minha voz soou completamente estranha, fora de contexto, parecia um detetive tirando informações. As moças pararam de rir e olharam para mim. Mariana Ximenes falou séria:

— Só sei que ela foi morar com o namorado. Peraí, eu acho que tenho o telefone dela aqui no meu celular.

Mariana Ximenes procurou rapidamente o número em seu celular e eu anotei. Elas já estavam se despedindo, quando o Neco falou:

— Olha só, o que vocês vão fazer agora? A gente podia tomar um chope, pra vocês me darem umas dicas do que fazer aqui no Rio...

— Neco, é melhor não... — Eu já havia conseguido o que queria, o telefone da estagiária, e queria ligar logo para ela, mas não consegui terminar a minha frase, porque Neco me deu uma cotovelada que quase tirou a minha respiração.

— A gente podia ir tomar um choppinho, vocês dizem quais são as baladas legais... — Neco propôs.

As moças toparam e eu tive que encarar essa. É claro que eu não estava alheio ao fato de que as duas eram sensacionais, mas é que eu não conseguia pensar em nada além de me livrar daquela roubada em que estava metido e não queria que nada atrapalhasse, nem mesmo dois aviões como aqueles. O fato de eu ser um inepto com mulheres também se somava aos meus motivos para não sair com as deusas, mas nada no mundo tiraria Neco daquela empreitada. Segui com Neco e as duas até um barzinho. Lá permaneci calado, ouvindo Neco desfiar várias histórias para as duas moças gargalharem. O clima entre os três estava ótimo e é claro que a noite não terminaria apenas com chopinhos. A combinação era esticar num outro bar e depois numa boate, mas eu disse que não ia.

— Vou pra casa, Neco.

— Tu tá maluco? — Neco me puxou para um canto. — Você viu a cara delas? Você viu o rabo da Mariana Ximenes? Você viu os peitos da Debora Secco? Vamos nessa, cara! Olha, eu deixo você escolher com qual das duas vai ficar.

— Não, obrigado. Eu prefiro me mandar, não estou com cabeça pra isso.

— Não precisa ter cabeça, a parte exigida é outra!

Neco me conhecia e sabia que eu não iria mesmo. Ele já tinha se enturmado com as meninas, mas eu estava longe disso. Era mais fácil ele ficar com as duas do que eu com uma. Deixei os três e fui para casa.

Achei que era tarde para ligar para Viviane. Dormi mal, acordei cedo e fiz hora para ligar. Às oito e meia liguei e caiu na secretária eletrônica. Não deixei recado. Liguei de meia em meia hora e às onze ela atendeu.

— Oi, Viviane, quem tá falando aqui é o Moacir Stein.

— Seu Moacir! — Ela se assustou. — O senhor não tá preso?

— Não, tô solto.

— Tá solto? — Ela deu um berro. — Mas como, se o senhor matou o seu Orlando?

— Eu estou sendo acusado, mas não é verdade. Eu não matei o Orlando.

— Mas o jornal disse que foi o senhor.

— Nem tudo que sai nos jornais é verdade.

— Não? — Ela parecia verdadeiramente atônita com tantas novas informações em tão pouco tempo.

— Tô precisando falar com você — eu disse.

Combinamos um almoço no restaurante que ficava perto da minha casa. Só ali eu conseguiria comer fiado, já que Neco havia desaparecido com as duas sósias de atrizes globais.

Viviane chegou na hora, maravilhosa como sempre. Vestia uma roupa minúscula como era de seu costume, o que me deixou meio nervoso. Respirei fundo e tentei não ficar olhando os seus atributos, e dei graças a Deus por Neco não estar presente. Viviane era ainda melhor do que as duas moças da véspera. Eu não sabia como começar a conversa, mas não precisei pensar muito. Para minha surpresa, foi Viviane que tomou a iniciativa.

— Seu Moacir. É bom encontrar o senhor porque eu queria pedir desculpas.

— Desculpas?

— É, aquele negócio de assédio sensual — foi assim mesmo que ela falou — foi tudo armado. Aquele adevogado, o Adriano, nem adevogado era. Foi tudo armado pelo seu Orlando, que Deus o tenha!

— Por que você está me dizendo isso agora?

— Ah, seu Moacir, é que agora que o senhor tá dizendo que não matou o seu Orlando, e eu acredito no senhor, porque o senhor não tem nem jeito pra matar uma pessoa, e... é que eu fiquei com muita pena do senhor, sabe. Com aquela sujeira que eu fiz e coisa e tal... E o Adriano me deixou muito triste. A gente namorou, eu achei que era a mulher mais feliz do mundo, mas ele me abandonou. O senhor não sabe como eu sofri... até emagreci! O senhor não percebeu?

Ela havia mesmo emagrecido, mas tinha ficado ainda melhor do que já era antes. Ninguém no mundo reclamaria daqueles dois quilos perdidos. Viviane parecia querer desabafar, precisava contar a sua história para alguém.

— Quer dizer que foi o Orlando que armou com você?

— Na verdade, quem falou comigo não foi ele, foi o Adriano. Um dia eu tava lá na firma e o seu Orlando pediu pra falar comigo. Ele disse que o senhor tava fazendo um monte de besteira e que a firma ia acabar falindo, então ele disse que ia viajar e que o Adriano ia chegar de Brasília pra ficar no lugar dele, que era homem de confiança dele.

— Então ele armou aquela história de Aspen! — eu não resisti ao comentário.

— Pois então, o Adriano me procurou fora da firma e me falou que a gente tinha que tirar o senhor de lá. E pra isso ele contava co-

184

migo e coisa e tal. Eu toparia fazer o que ele me pediu até de graça, não pelo senhor, que eu até gostava do senhor, mas é que o Dri tinha uma conversa boa, eu fiquei parada na dele. Eu vou dizer pro senhor, eu achei o Dri lindo. Bom, ele me ofereceu uma grana pra eu dar em cima do senhor. Pra mim isso era fácil, foi só diminuir um pouco o tamanho da minha saia e o senhor caiu que nem um patinho, desculpa, mas foi isso.

— Ofereceu dinheiro, é?

— Mas eu nunca recebi um tostão. Por isso que eu tô contando tudo. Por isso e por outras coisas que daqui a pouco eu vou dizer.

E ela disse. Viviane continuou contando sua história, me deixando cada vez mais embasbacado.

— Logo depois que o senhor saiu da firma acusado daquele negócio sensual, o Dri me chamou pra sair. Aí a gente começou a namorar e foi só nessa hora que ele me disse que fingiu que era adevogado pra assustar o senhor. Olha, vou dizer pro senhor, eu até achei que ele era mesmo adevogado, o Dri falou tão bonito naquele dia, mas na verdade, depois que a gente começou a sair junto, ele me disse que não era adevogado não. Ele era assensor de deputado em Brasília.

— Assessor — corrigi.

— Isso. Ele era não sei o que de político em Brasília. A gente ficou bem apaixonado um pelo outro e logo, logo eu fui morar com ele, num puta apartamento que ele tava morando em Botafogo. Coisa fina. Mas também, assim que o senhor saiu da empresa, logo, logo as coisas começaram a melhorar por lá. E o Adriano começou a trabalhar lá. Eu não sei o que ele fazia lá, que cargo ele ocupava, mas que ele era coisa lá na firma, ele era! O Dri vivia enfurnado no escritório do seu Orlando. Os dois ficavam até tarde lá, eram sempre os últimos a sair.

— Ficavam sozinhos até tarde?

— Bem, sozinhos, sozinhos não, porque, logo que seu Orlando voltou e a firma começou a melhorar de novo, ele contratou um segurança, o Jorjão. Então, o último a sair da firma era sempre o Jorjão. Mas o Dri e seu Orlando eram os penúltimos. Mas aí depois de um tempo o Dri começou a ficar nervoso. De vez em quando a gente saía depois do trabalho e ele estava puto da vida. Umas duas ou três vezes ele chegou a dizer que o seu Orlando era não sei o quê, que ele era fogo, que não sei o que lá, não sei o que lá...

— Não tô entendendo, ele xingava o Orlando?

— É, ele estava nervoso com alguma coisa do seu Orlando.

— Você reparou isso?

— Claro! Quem não ia reparar? Aí um dia eu tive certeza porque ele falou que tinha uma proposta pra mim. Se eu faria uma coisa pra ele. Eu disse que fazia o que ele quisesse, que eu amava ele, confiava nele e coisa e tal. Então ele disse que queria que eu fizesse uma coisa parecida com o que eu tinha feito com o senhor, mas um pouco diferente. Ele queria que eu desse bola pro Jorjão, o segurança do seu Orlando. Eu tinha que tirar ele do serviço uma noite por pelo menos umas duas horas. Eu cheguei a perguntar pro Dri pra que ele queria que o segurança saísse da porta da firma, mas ele me enrolou, me explicou um monte de coisa que eu não entendi nada mas fingi que entendi pra não parecer que era burra. Então eu fiz o que o Dri me pediu. Comecei a dar em cima do Jorjão e na tal noite que o Dri me pediu eu disse pro Jorjão que tinha que encontrar ele de qualquer maneira. O Jorjão ficou animado e é lógico que topou ir comigo prum bar perto da firma. Lá eu fiquei fazendo charminho pra ele, sabe, morde e assopra, eu fingia que ia beijar e não beijava, eu deixava ele colocar a mão na minha coxa e tirava, eu roçava os peitinhos... o senhor sabe como é, né? Eu fiz a mesma coisa com o senhor. O Jorjão foi ficando louco, seu Moacir. Que nem o senhor. Juro que eu vi o troço dele grandão dentro das calças, parecia que ia estourar, mas eu não podia beijar o cara, porque senão eu é que podia não aguentar, porque o senhor me desculpa dizer isso, mas o Jorjão não é que nem o senhor, ele é grandão, fortão, um pedaço. Aí depois de umas duas horas mais ou menos, eu fingi que estava tonta, que tinha comido alguma coisa que me fez mal, e me mandei. Fiz tudo como o Dri tinha me pedido. Estava até orgulhosa de mim mesma, mas foi aí que a coisa toda desandou. Eu fui pra casa, dormi, e quando acordei o Dri não tinha aparecido. De manhã soube que seu Orlando tinha morrido. A hora passava e o Dri não aparecia em casa, então eu não tava sabendo nada direito do que tinha acontecido. Aí começou todo mundo a dizer que tinha sido o senhor, que o senhor matou porque tava com raiva do seu Orlando, e devia estar mesmo. Saiu até no jornal que tinha sido o senhor, que tinham te prendido e coisa e tal, e eu acreditei. Eu tinha achado muito estranho o Dri não aparecer mais em casa, mas aí três dias depois ele me ligou. Disse que tinha voltado para Brasília, que o senhor tinha ferrado com tudo, matado o Orlando, e de que agora tinha tudo acabado. Inclusive o nosso namoro. E aí eu perguntei: mas por que o nosso namoro? Ele disse que tinha que ficar em Brasília e que não queria que eu fosse pra lá. E eu perguntei se ele tinha arrumado outra mulher e ele disse que não, mas eu tinha certeza de que ele tinha arrumado outra. Tinha certeza! Por que ele ia acabar assim com o nosso namoro? Eu chorei, chorei, chorei muito, seu Moacir. Fiquei uma semana chorando sem saber o que fazer. Tentei ligar pra ele, mas o Adriano sumiu do mapa, desapareceu! Aí eu acabei saindo do apartamento, voltei para casa da minha mãe porque a vaga no apartamento que eu dividia com uma amiga na Tijuca já tinha sido ocupada. Foi isso que aconteceu.

— E você teve algum outro contato com o Dri, quer dizer, com o Adriano? — perguntei.

— Não. Nunca mais.

— Não tem nem ideia de onde ele está?

— Deve estar em Brasília... ele é de lá.

— Você não tem um telefone dele?

— Eu tinha o celular dele, mas ele mudou de número.

— Você não tem nenhum outro telefone ou endereço dele?

— Dele não.

Tentei forçar o cérebro de Viviane a trabalhar.

— Viviane, por favor, pensa um pouco, tenta se lembrar se o Adriano lhe disse alguma vez onde morava.

— Ele disse. Disse que morava em Brasília.

— Isso eu já sei. Mas onde em Brasília?

— Não lembro. Estou tentando lembrar, mas não lembro. — Viviane fez uma cara de quem estava fazendo mesmo alguma força. — Peraí, eu lembro que uma vez ele falou que a mãe dele morava numa favelona, peraí, deixa eu lembrar. — Viviane franziu ainda mais o rosto, parecia se esforçar bastante. — A mãe dele se chamava Eloisa, eu acho... é, isso mesmo, Eloisa. De vez em quando ele falava que dona Eloisa não ia gostar do que ele estava fazendo...

— Você consegue lembrar do nome dessa favelona onde a dona Eloisa morava?

— Estou tentando lembrar... estou fazendo força.

Viviane fazia mesmo muita força. Contorcia o rosto, realizando um enorme esforço para conseguir extrair a informação de seu cérebro. Lembrei na hora daquela brincadeira de cérebro que pega no tranco e achei que estava presenciando ao vivo esse evento. Depois de algumas caretas a mais, parece que finalmente o cérebro recebeu o tranco e Viviane soltou a informação com um grito:

— Favela Estrutural! É isso, Favela Estrutural! — Ela parecia muito feliz por ter arrancado essa informação de sua cabeça. Repetiu mais algumas vezes, como se comemorasse: — Favela Estrutural! Favela Estrutural!

— O que é isso, favela estrutural?

— É uma favela em Brasília.

— Ah, entendi. Mas qual é o endereço dela nessa favela?

Viviane me olhou com uma cara que dizia que eu devia ser a pessoa mais burra do mundo.

— Seu Moacir! Fala sério! O endereço completo é esse: dona Eloisa, Favela Estrutural, Brasília.

* * *

À tarde Neco apareceu lá em casa. Estava entusiasmado com a sua aventura com as duas garotas na Tijuca. Não parava de falar.

— Que loucura meu irmão! Que loucura! Duas gatas maravilhosas!

Continuei ouvindo os seus elogios eufóricos às moças por alguns minutos, até que, num pequeno intervalo, consegui encaixar uma pergunta:

— Não vai me dizer que você pegou as duas?

— Ainda não, mas há chances, há chances!

— Pegou qual então?

— Ainda não peguei nenhuma. A gente dançou a noite toda. Nós três. As duas maravilhosas não largaram de mim.

— Então não rolou nada?

— Ainda não, mas há chances! Há chances!

— Peraí, me explica direito. Você tá me dizendo que dançou com as duas juntas o tempo todo e não rolou nada?

— É, elas não se separavam de jeito nenhum. As duas pareciam irmãs siamesas, coladas. Imagina: Mariana Ximenes e Debora Secco coladas e rebolando na sua frente. Quase me enlouqueceram, meu irmão!

— Juntas o tempo todo?

— É, qual é o problema?

— Você não teve nem uma chance com uma delas sozinha?

— Não, elas não se separavam. Só rebolando na minha frente, aquelas duas maravilhas.

— Porra, Neco, não precisa ser nenhum gênio pra ver que elas te enrolaram direitinho.

— Cumé que é?

— Porra! — Comecei a rir. — Depois que eu saí, tu levou elas pra jantar?

— Foi.

— Tu pagou?

— Paguei.

— E, depois de pagar o jantar, levou elas pra uma boate cara pra cacete, não é?

— É...

— E pagou tudo pra elas?

— Paguei.

— Cerveja?

— Não. Champagne.

— Puta que pariu, Neco! Elas devem estar rindo de você agora.

— Caralho, é mesmo!

— Elas se divertiram às custas do otário, comeram e beberam de graça... e não te deram nenhuma brecha pra atacar.

— É mesmo, elas não paravam de dançar nem um minuto. E sempre juntas! Peraí, agora pensando bem, elas dançavam mais entre elas do que comigo. Filhas da puta! Será que são lésbicas?

Esse novo ponto de vista sobre a noitada arrefeceu o seu ânimo. Neco ficou quieto, pensativo, acho que tentava se lembrar exatamente do que tinha acontecido para avaliar novamente a sua investida nas gatas. Aproveitei para contar sobre o meu encontro com Viviane. Ele permaneceu calado, mas eu desconfiei que não ouviu nada do que falei.

— Você não estava prestando atenção, não é Neco?

— Não. Eu estava pensando nas duas gostosas. Acho que elas são sapatas. Tô aqui pensando... elas não se desgrudavam, faziam um monte de carinho entre elas, saca? Sapatas! E eu não percebi. Só pagando as contas... Como é que um cara experiente como eu caí nessa? Porra, tô ficando velho, tô ficando fora de forma...

— Porra, Neco, presta atenção no que eu tô te falando!

Repeti para ele o que Viviane havia me contado. Não sei se desta vez ele prestou atenção ao que falei, só sei que, ao final de minha exposição, ele topou seguir comigo para Brasília atrás do Adriano.

Pegamos o seu carro; eu assumi o volante. Partimos. Eu achei que havia algo estranho, Neco aceitou fácil demais o meu convite de aguentar mais de 15 horas de estrada. E estava calado demais. Agia como um autômato, que seguia as minhas ordens. Quando já estávamos quase em Minas Gerais, ele finalmente abriu a boca e me fez uma pergunta:

— Pra onde você tá me levando?

— Caralho, eu não acredito que você não sabe que a gente tá indo pra Brasília!

— Brasília? — Neco se assustou. — Você tá de sacanagem? Por que você não me avisou?

— Eu te falei mais de mil vezes, mas você não para de pensar naquelas duas garotas.

— Que garotas? — Neco tentou dissimular. — Eu nem lembro de garota nenhuma.

Neco não ia admitir nunca que passou toda a viagem sem prestar atenção ao que eu falava.

— Tudo bem, eu sei que a gente tá indo pra Brasília, é que eu tinha me esquecido... — Neco falou sem convicção.

Fui obrigado a repetir pela vigésima vez a minha conversa com Viviane. Acho que foi só ali que ele finalmente descobriu qual era a nossa missão em Brasília.

— Peraí, Moa. Como é que a gente vai achar uma pessoa numa favela sem saber onde ela mora?

— Temos que pensar nisso.

— Essa favela... Estrutural, é esse o nome? Ela é grande?

— Acho que sim. Parece que era um lixão.

— Você tá maluco? A gente nunca vai achar a mãe desse cara no meio de um favelão.

— É a minha única chance. Ela deve saber onde está o filho.

Olhei para o rosto de Neco e percebi que ele estava puto. Mas permaneceu calado. Pela sua expressão ele finalmente se dera conta da roubada em que estava metido, mas não podia discutir a questão. Se dissesse o que pensava sobre nossa empreitada, teria que admitir que topou pegar a estrada sem saber o que estava fazendo. Neco passou o resto da viagem praguejando. Eu fingi que não era comigo.

Seguimos por toda a viagem sem quase nos falarmos. Revezamos na direção e, quando chegamos a Brasília, era Neco que dirigia.

— E aí — Neco falou comigo —, diz aí o caminho pra gente chegar nessa favela.

— Eu não tenho a menor ideia!

— Porra, Moa, tu não sabe? E acha que eu sei? Eu nunca pisei em Brasília antes!

Eu já havia pisado em Brasília várias vezes, mas preferia não lembrar das últimas experiências. Depois de rodarmos por mais de uma hora acabamos chegando à Esplanada dos Ministérios. Passamos em frente ao Palácio do Planalto.

— Você tá me dizendo que a favela fica aqui? Isso é alguma espécie de crítica ao governo? — Neco me sacaneou.

Nem procurei me defender. Assim que avistei algumas pessoas andando pela rua pedi para Neco parar o carro. Desci e perguntei sobre a localização da Favela Estrutural. Voltei ao carro.

— E aí, os turistas sabiam onde é a favela?

— Como você sabe que são turistas?

— Eu nunca vim a Brasília, mas sei que se tem alguém andando aqui perto do Palácio do Planalto e do Congresso só pode ser turista!

192

Travamos uma pequena discussão. Acabei convencendo-o a procurar um local onde houvesse alguma aglomeração de pessoas, gente com cara de morar em Brasília. Seguimos até um shopping center, onde conseguimos uma informação pelo menos da direção para chegar à favela.

Seguimos perguntando às pessoas pelo caminho, que sempre nos olhavam com cara de espanto, suspeitando das intenções de dois sujeitos que procuravam uma favela.

Demoramos para descobrir onde ficava a tal da favela, mas acabamos achando, depois de rodar por mais duas horas pela capital. Paramos o carro numa rua em frente a uma das entradas da favela.

— E agora, Moa, o que a gente faz? Espera ser assaltado?

— Acho que a gente tem que perguntar se alguém conhece a dona Eloisa.

— Ei, meninos! — Neco chamou três meninos que passavam vestindo uniforme de escola pública. — Vocês conhecem a dona Eloisa?

— Não — os meninos responderam quase em uníssono e seguiram seu caminho.

— Tá vendo? — Neco me falou. — Ninguém conhece dona Eloisa por aqui. Vamos voltar pro Rio.

— Não enche, Neco. Temos que perguntar pra pessoa certa. Vamos perguntar naquele bar ali.

Desci do carro e me dirigi a uma birosca que ficava em frente. Neco correu atrás de mim.

— Peraí, Moa, você vai perguntar assim sem mais nem menos quem é a dona Eloisa? Os caras não sabem quem é você. Se eles acham que você é polícia ou bandido ou sei lá quem, alguém que eles não gostam? Eles podem te ferrar. Favela é diferente do resto da cidade. Tem suas leis próprias.

— E como a gente faz, então?

Ficamos algum tempo no carro pensando num jeito de nos apresentar àquela comunidade. Não dava para contar a minha verdadeira história, dizer que eu era acusado injustamente de assassinato e que estávamos atrás do verdadeiro culpado. Então eu percebi algo diferente na paisagem.

— Tu já reparou as faixas?

— Que faixas?

— Desse político.

Eram várias faixas penduradas pela favela. Desde uns 2 quilômetros antes de chegar à favela já havia várias faixas e galhardetes, e todas se referiam ao deputado Joilton Cavalcante: "A comunidade da Favela Estrutural agradece ao deputado Joilton Cavalcante", "Deputado Joilton Cavalcante sempre ajudando a Favela Estrutural", "Inauguração da creche-escola — mais uma obra do deputado Joilton Cavalcante".

— Tu conhece esse deputado?

— Nunca ouvi falar, mas aqui deve ser a base eleitoral dele. É isso então. — Eu já tinha bolado o nosso disfarce: — A gente trabalha pro deputado Joilton Cavalcante. Somos cabos eleitorais dele. Ele mandou a gente dar um recado para a dona Eloisa. É essa a nossa história.

— Mas o pessoal daqui deve conhecer os assessores desse deputado...

— Nós somos novos. Começamos a trabalhar há pouco tempo...

— É... — Neco pensou um pouco e logo elaborou um pouco mais o meu plano. Voltamos com o carro pela rua até avistarmos os primeiros galhardetes do deputado. Esperamos o momento certo para podermos arrancar quatro galhardetes sem que ninguém nos visse. Com os galhardetes embaixo do braço, nos dirigimos ao bar. Neco tomou a frente, ele era um ator bem melhor do que eu.

— Bom dia. Nós trabalhamos para o deputado Joilton Cavalcante. Será que a gente pode pendurar esses galhardetes aqui na frente do seu bar?

— Ué, cadê o Uoxto? — perguntou o dono da birosca, um senhor bem magro que vestia uma camiseta imunda.

— O Uoxto? Ele hoje não pôde vir.

— Cês são novos?

— Somos...

— Começaram há pouco tempo, né? — O dono do bar parecia ter combinado as falas com Neco.

— É, começamos há pouco tempo.

— Logo vi, porque aqui já tem um monte de galhardete pendurado... O Uoxto já pendurou uma cacetada desses troços por aqui. Tem que pendurar mais pra dentro da favela.

— É, o senhor tem razão — Neco concordou. — Mas a gente queria também perguntar uma coisa pro senhor. É que o deputado Joilton tem um recado pra dar pra uma tal de dona Eloisa, o senhor conhece essa dona Eloisa?

— Conheço um monte. Pelo menos umas três. É qual delas?

— Qual delas? — Neco hesitou. — É uma que tem um filho chamado Adriano.

— Adriano? — O velho pensou. — Dona Eloisa com filho Adriano... — Ele resolveu confabular com alguns clientes que estavam por ali.

— Ô Crovis, tu conhece uma dona Eloisa que tem um filho chamado Adriano?

O Clovis, que tomava uma cachacinha quietinho num catinho da bisrosca, não conhecia. Nem o Miro, nem o Adamastor, que também bicavam as suas pingas por ali. A conclusão final foi de que ninguém sabia de nenhuma dona Eloisa.

Saímos do bar e seguimos pela favela contando a nossa história e perguntando para todos por dona Eloisa, usando os galhardetes como salvo-conduto. Éramos cabos eleitorais do deputado Joilton Cavalcante, substitutos do tal do Uoxto, que torcíamos para que não aparecesse por ali naquele dia. Seguimos andando pela favela, sem, no entanto, avançar nem um centímetro em nossa missão. Não descobrimos onde morava a dona Eloisa, mas tenho certeza de que ganhamos uns oito ou dez votos para o deputado que, segundo o Neco, estava fazendo um trabalho excepcional na favela, algo nunca feito por nenhum deputado antes em nenhuma comunidade. Meu amigo se imbuiu do espírito de seu disfarce e parecia um político em campanha. Se fosse candidato, teria conseguido um caminhão de votos naquela favela. Se o próprio deputado Joilton Cavalcante presenciasse a atuação de Neco, certamente o contrataria para substituir o tal do Uoxto, pois ele certamente estava fazendo um trabalho melhor. Eu, de meu lado, permaneci calado. Era assessor do assessor, só acompanhava o meu amigo, que, com um fôlego de leão, parecia não cansar. Depois de quase duas horas, suando em bicas, chamei meu amigo num canto:

— Chega, Neco! Cansei. Tô morto!

— É, tá difícil — Neco admitiu. — Eu também já tô começando a ficar cansado.

Desistimos. Não sabíamos o que fazer em seguida, mas certamente não dava para rodar por toda a gigantesca favela atrás de uma pessoa. Percorremos o caminho de volta, nos perdendo pelas ruelas, precisando pedir orientação para sair da favela. Conseguimos chegar até o local onde estacionamos o carro, mas antes de partirmos, nem sabíamos para qual destino, resolvemos tomar uma coca-cola no bar da entrada da favela. Lá estava o senhor magro, dono da birosca, e os mesmos clientes, o Clovis, o Miro e o Adamastor, que pareciam que bebericavam os mesmos copinhos de pinga, como se estivessem parados no tempo.

— Ah, que bom que vocês voltaram! A dona Eloisa que vocês tão procurando passou aqui. Disseram pra ela que o deputado tinha um recado pra ela e ela veio correndo pra cá.

— Cadê ela? — gritamos eu e Neco, quase ao mesmo tempo.

— Cansou de esperar. Foi embora.

— Puta que pariu! — Neco não se controlou.

— Calma, meu amigo, não precisa ficar nervoso — foi o Clovis, eu acho, ou talvez o Miro, que falou. — Eu sei onde ela está. Vou lá chamar ela de volta.

O sujeito saiu da birosca com seus passos trôpegos e seguiu favela adentro. Pedimos uma cerveja e sentamos para esperar.

Bebemos duas cervejas e comemos dois sacos de biscoito de polvilho. O biscoito estava meio velho, esfarelando, não deu nem pra começar a matar a nossa fome, mas era a única mercadoria exposta naquele bar que tivemos coragem de encarar. A espera começou a ficar muito longa, começamos a ficar angustiados, pensamos até em desistir, mas o dono da birosca nos acalmou, argumentando que o Clovis, ou o Miro, andava devagar, que era normal demorar.

Meia hora depois, dona Eloisa finalmente chegou. Foi direto ao assunto:

— Qual é o recado que o deputado tem pra mim?

Foi essa parte que nós não combinamos. Estávamos havia mais de três horas naquela favela, dizendo para todo mundo que tínhamos um recado para dar à dona Eloisa, e não paramos nem um minuto para combinar entre nós qual seria esse recado. Neco passou a bola para mim.

— Diz aí pra dona Eloisa o recado.

— Eu? — Cheguei a pular ao receber de Neco a incumbência. — O recado? Não foi pra você que o deputado falou?

— Não. Você que sabe o recado.

— Eu que sei o recado? — Não tinha muito tempo para pensar, então falei o que veio a minha cabeça: — O recado na verdade é pro seu filho Adriano...

— Pro meu filho? Eu não estou entendendo mais nada. Eu mandei uma carta pro deputado pra mode ele resolvê o pobrema do buraco que tem difronte a minha casa. Eu achei que ele tava me respondendo, tava toda feliz, e agora o recado num é pra mim?

Acho que a resposta de dona Eloisa acendeu alguma luz na cabeça de Neco, porque ele voltou a tomar o comando, como vinha fazendo desde que entramos na favela.

— Olha dona Eloisa, o deputado tá vendo o problema do buraco, mas isso demora muito... tem que falar com a prefeitura, a subprefeitura, a câmara dos vereadores...

— Mas Brasília num tem prefeito nem vereador!

— Então essa parte já tá resolvida, mas ainda tem que falar com um monte de gente. O deputado tá fazendo tudo que pode e já, já a gente vai vir aqui com um recado pra senhora. Mas por enquanto o recado é pro seu filho mesmo, o Adriano.

— Mas o Adriano nem gosta do deputado Joilton Cavalcante. Ele vive me dizendo que o deputado Joilton é um picareta que só quer se aproveitar da gente. Mas eu num concordo não! Picareta é aquele outro deputado, que o Adriano inté trabalhou um tempão, aquele tal de Indalesio Flores. Aquele sim só quer saber de roubo e coisa e tal. O deputado Joilton não! Ele faz um monte de coisas pra gente. Ele fez creche, fez... a creche e também, o que mais ele fez mesmo?

Antes que dona Eloisa percebesse que a creche era mesmo a única benfeitoria que o deputado Joilton Cavalcante havia realizado naquela comunidade, eu a interrompi.

— O Adriano foi assessor do deputado Indalesio Flores?

— Foi, mas depois ele foi lá pro Rio de Janeiro fazer num sei o que lá!

— A senhora sabe onde a gente pode encontrar o Adriano?

— Ih, ele nunca mais apareceu aqui, quase nem me liga mais. Não sei o que ele foi fazer lá no Rio que não tinha nem tempo pra falar com a mãe. Só me ligou quando voltou pra Brasília.

— A senhora não tem o telefone ou o endereço dele?

— Endereço eu não sei. Só sei que mora melhor que a mãe, isso eu sei. Mas ele não quer mais saber da mãe, parece que tem vergonha.

— A senhora tem o telefone dele?

A velha disse que ia nos dar o número do celular, mas antes tivemos que ouvir suas reclamações a respeito do filho, que não procurava mais ela, que quando ligava só falava rapidamente e nem queria saber se ela estava bem ou se estava doente, que, aliás, era o que estava acontecendo, ela estava doente e nenhum médico conseguia descobrir a doença e durante uns vinte minutos tivemos que acompanhar as aventuras de dona Eloisa peregrinando pelos hospitais da capital à procura de um diagnóstico para a doença que ela dizia ter e que, se fosse verdadeira, certamente faria o seu filho vir correndo tratar dela na Favela Estrutural. Ouvimos pacientemente até conseguirmos uma brecha na fala de dona Eloisa.

— E o telefone do Adriano, dona Eloisa?

Anotamos o número do telefone num papel amarfanhado que o dono da birosca nos cedeu. Então, com a informação na mão, travamos a próxima batalha, que foi fazer dona Eloisa parar de falar para conseguirmos ir embora. Com muito custo conseguimos interrompê-la e nos despedir.

Assim que entramos no carro, pensamos em ligar para o Adriano, mas, além do pedido para ligar para a sua mãe, ainda não sabíamos o que falar. Como nos apresentar? Abrir o jogo, dizer que era o Moacir Stein que estava falando? Ou fingir que era alguma outra pessoa? E se nos fizéssemos passar por outra pessoa, quem seria dessa vez?

Quando saímos da favela, rodamos de carro em direção ao centro, discutindo como abordar Adriano, mas não tivemos nenhuma ideia. Chegamos ao Plano Piloto, passamos de carro pelo Congresso, pelo Palácio do Planalto, percorremos toda a Esplanada dos Ministérios, até que resolvemos estacionar. Fomos a pé até a praça dos Três Poderes, aquela imensidão de concreto em frente ao Palácio do Planalto. Sentamos num banquinho e ficamos olhando para o palácio, torcendo para ter a sorte de ver o presidente. Discutimos a possibilidade de se colocar grama naquela praça enorme, Neco era favorável, eu era contra, achava bom daquele jeito. Neco chegou à conclusão de que era difícil gramar a praça, porque ela era muito próxima do Congresso e os deputados iam comer a grama toda. Iam ter que ficar replantando o tempo todo! Rimos muito com a piada, foi um momento bem prazeroso, nós dois ali rindo à beça em pleno coração do poder do país. Mas logo lembramos que tínhamos um plano a esboçar e até aquele momento nenhuma de nossas ideias era minimamente plausível. Resolvemos andar até a porta do Congresso, pensamos em entrar para visitar os comedores de grama, mas acabamos desistindo. Atravessamos a avenida ao lado do Congresso e andamos a esmo, tentando descobrir que prédios eram aqueles que ficavam atrás dos palácios mais conhecidos de Brasília. Logo descobrimos que o outro prédio que havia na praça dos Três Poderes, o que ficava do lado oposto ao palácio do presidente, era o Palácio da Justiça. E que mais atrás ficavam uns prédios que eram chamados de Anexos. Tudo isso nos foi dito por um rapaz de terno que trabalhava num desses Anexos e que explicou que lá ficavam os gabinetes dos deputados. Logo me veio à cabeça o nome de um deputado e eu não aguentei e mandei a pergunta:

— O deputado Joilton Cavalcante tem gabinete ali?

— Não. Esse cara é deputado distrital de Brasília. Ali é só deputado federal.

— Ah! E o deputado Indalesio Flores, tem gabinete ali?

— Justamente. Eu acho que o gabinete dele é no Anexo 3!

Fomos até o prédio conhecido como Anexo 3. Na portaria perguntamos se o gabinete do deputado Indalesio Flores ficava naquele prédio.

— Sim, é aqui mesmo — disse o recepcionista.

— É que nós somos eleitores dele...

— Engraçado, vocês não têm sotaque.

— Sotaque?

— É, os eleitores dele em geral são da Paraíba.

— Claro, nós nascemos na Paraíba, mas é que a gente mora no Rio de Janeiro há muito tempo. — Neco esboçou essa explicação, mas o rapaz não estava tão preocupado assim com o nosso domicílio eleitoral, tratou logo de nos dispensar dizendo que só dava para subir se o deputado autorizasse a nossa entrada.

Saímos do tal do Anexo 3 e voltamos para o banquinho da praça dos Três Poderes. Foi ali, em frente ao palácio presidencial, que tivemos a ideia de como pegar Adriano e entregá-lo ao Técio.

— De onde vamos ligar? — perguntei.

— Daqui mesmo. Não existe lugar melhor. Vazio, calmo, seguro, tranquilo. Quem vai ouvir a gente? O presidente? Os comedores de grama?

Quem fez a ligação foi o Neco, obviamente. Adriano não demorou para atender. Neco empostou a voz para caracterizar o seu novo personagem:

— Adriano Pacheco? Boa tarde. Quem fala aqui é Paulo Magalhães, assessor do deputado Indalesio Flores.

Eu só ouvia a voz de Neco, mas aparentemente Adriano acreditou em sua conversa e ele prosseguiu:

— Adriano, o deputado está precisando conversar com você... quem sou eu? Eu já disse, sou assessor do deputado Indalesio Flores... é claro que você não me conhece, eu entrei depois que você saiu, eu também não te conheço... ele não me disse qual é o assunto, só me pediu para marcar um encontro com você porque ele tem algo importante a tratar... ele não te ligou porque está muito ocupado, está sem tempo pra nada... não sei sobre o que ele quer falar... eu já te disse que ele não me revelou o assunto... bom, eu liguei pra te dar o recado do

201

deputado, você vai ao encontro se quiser, ele pediu para você procurá-lo no gabinete dele, amanhã, às 16 horas... tá? Tchau!

— E aí? — perguntei ansioso.

— O cara ficou meio desconfiado, mas acho que ele vai.

— Tomara! Então, a parte dois do plano. Me dá o celular.

A ligação para o Técio ficou por minha conta. Ele também não demorou a atender.

— Técio, é Moacir Stein. A sua encomenda está a caminho.

— Quando? Onde?

— Amanhã, às 15h30, a gente se encontra na porta do Anexo 3.

— Anexo 3? O prédio dos gabinetes dos deputados?

— Justamente. Tamos te esperando lá.

O terceiro telefonema não pôde ser feito ali. Antes precisamos procurar uma lan-house, onde pesquisamos um pouco mais sobre o deputado Indalesio Flores. Além do telefone de seu gabinete, descobrimos que era deputado há três mandatos, filiado a um pequeno partido da base aliada. Foi Neco quem ligou, fez a mesma voz do outro telefonema, usou o mesmo nome, só trocou de patrão.

— Alô, deputado Indalesio Flores, aqui é Paulo Magalhães, assessor do doutor Técio Domingues. Ele gostaria muito de encontrar com o senhor... ele não me adiantou o assunto... o doutor Técio vai ter que passar no Anexo 3 amanhã para um outro encontro e pode aproveitar para ir ao seu gabinete... amanhã às 16 horas, está bom? Então combinado.

Um gabinete lotado

Dormimos no hotel mais barato que encontramos no Plano Piloto, uma espelunca fedorenta. Eu só queria uma cama para poder dormir, nem me liguei tanto nos defeitos do quarto, mas me lembro de que havia uma barata no box do banheiro. Ligamos a televisão, mas a imagem era péssima. Mesmo assim ouvimos o *Jornal Nacional* e tentamos adivinhar o que acontecia na novela, mas logo desistimos e desligamos a TV. Tínhamos que planejar alguma linha de ação para o dia seguinte. Discutimos um pouco, esboçamos alguma coisa, mas não avançamos muito. Por volta de meia-noite, mais ou menos, o Neco virou-se para o lado, deu "boa-noite" e dormiu imediatamente. E começou a roncar instantaneamente. Dos roncos do Neco eu me lembro, porque foram eles que, aliados a minha ansiedade e excitação, não me deixaram dormir. Só consegui adormecer quando o dia já estava amanhecendo. E então dormi pesado. Acordei com um grito:

— Tu não vai acordar não? Puta que pariu, já te chamei mais de dez vezes, porra!

Foi assim que Neco me acordou, quando o relógio já marcava meio-dia e meia. Pulei da cama assustado, naquele estado em que perguntamos "Onde estou? Quem sou eu? Quem é você?". Demorei um pouco para me dar conta das respostas a essas perguntas básicas, mas quando por fim me lembrei do que havia a fazer fiquei nervoso.

— Caralho! O Técio! O Adriano! Temos que encontrar eles!

— Calma, mané, o encontro é às quatro. Temos tempo de sobra.

Almoçamos um sanduba num McDonalds e rumamos para o local de nosso encontro. Às duas e meia da tarde já estávamos na porta do Anexo 3. Esperamos ansiosos.

Técio chegou na hora marcada, três e trinta em ponto. Desceu do carro, acompanhado por dois seguranças. Partiu rapidamente em minha direção e perguntou de chofre:

— Cadê o Adriano?

— Calma, Técio — respondi —, nós marcamos com ele às quatro.

— E por que marcaram mais cedo comigo?

— É que a gente precisa explicar umas paradas — Neco falou.

Técio apontou para Neco e falou olhando pra mim:

— Por que esse babaca veio também?

— Pelo mesmo motivo que esses babacas estão te acompanhando! — Apontei para os seus seguranças, usando o mesmo tom agressivo. Então baixei um pouco a voz, tentando acalmar o Técio. — Eu vou te explicar como a coisa vai acontecer. Nós vamos nos encontrar com o Adriano lá em cima, no gabinete do deputado Indalesio Flores. Você tem uma reunião agendada com o deputado...

— Eu não agendei porra nenhuma!

— Nós agendamos pra você.

— Eu não estou entendendo nada. Cadê o Adriano? Você tinha que me entregar o cara, era isso o combinado.

— Você vai ter o Adriano, mas vai ter que ser no gabinete do deputado!

— Por quê?

— Por vários motivos. É um lugar tranquilo, não é público, é neutro e, principalmente, este prédio tem segurança.

— Eu tenho minha segurança própria!

— Mas eu não tenho. E eu também vou participar da conversa. Eu preciso ter certeza de que vou me livrar da acusação. Quem me garante que você e o Adriano não vão armar pra mim?

Técio pensou um pouco. Deve ter concluído que eu, de alguma maneira, ainda tinha algum controle sobre a situação. Procurou se acalmar.

— Tudo bem, então me tira umas dúvidas: por que esse encontro tem que ser justamente no gabinete desse deputado?

— Porque você conhece ele muito bem. Foi ele que te recomendou o assessor dele, o Adriano, pra trabalhar pra você.

— Pois é, esse filho da puta! Me recomendou um escroto que fica me chantageando. Pra que o deputado precisa participar dessa conversa?

— Se você conseguir enxotar o cara de lá, eu não me importo.

— Pensando bem, deixa o deputado ouvir a nossa conversa, ele pode ser uma testemunha. Vambora! — Técio partiu célere em direção ao prédio do Anexo 3. Atrás dele fomos eu, Neco e os seguranças. Na recepção, Técio anunciou a sua chegada, enfatizando o seu cargo no governo com a arrogância típica dos poderosos. Foi rapidamente liberado para subir junto com seus acompanhantes.

O deputado Indalesio Flores nos recebeu na porta de seu gabinete. Portava um estranho sorriso, que não conseguia esconder a sua curiosidade por tão nobre visita.

— Técio... quanto prazer! — O deputado estendeu a mão. — Não nos vemos há bastante tempo. A última vez, se não me engano, foi quando eu te apresentei ao meu assessor, o Adriano Pacheco...

Técio não esboçou reação e o deputado ficou com a mão pendendo no ar por alguns instantes até perceber que o aperto de mãos não ia acontecer. Recolheu a mão e fechou a cara.

— A visita não é cordial, ao que parece.

— Não — Técio foi seco. Passou direto pelo deputado e entrou no gabinete. Nós entramos atrás. Técio tratou de ir direto ao ponto:

— O seu ex-assessor está chegando aqui. No momento que o Adriano Pacheco chegar, você vai liberar a entrada dele na recepção. No instante que ele adentrar a porta do seu gabinete, você vai sentar naquela poltrona e ficar quieto. Enquanto nós conversamos.

— E por que eu deixaria você usar o meu gabinete para uma reunião pessoal? — o deputado levantou a voz.

Técio não respondeu. Sentou-se na cadeira que aparentemente pertencia ao deputado e ficou quieto.

— Técio, você pode me responder? — o deputado insistiu.

Técio continuou mudo. Começou a bater os dedos na mesa, numa batucada meio desconexa. Ficou claro que não responderia ao deputado. O tamborilar dos dedos parecia anunciar que ele já havia passado para uma nova fase: a hora agora era de esperar a chegada de Adriano. Em meu canto, eu assisti à cena calado, esperando uma reação do deputado, que não houve. Se ele pensou em reagir de alguma maneira, mudou de ideia. Por algum motivo, o deputado resolveu que era melhor acatar as ordens que lhe foram dadas e sentou-se na poltrona indicada por Técio para também aguardar a chegada de Adriano. Só se ouvia o som que Técio fazia com os dedos e ninguém ousava abrir a boca e atrapalhar a estranha batucada. O clima permaneceu daquele jeito por uns 15 minutos, quando o telefone tocou. Técio olhou para o deputado, e o deputado entendeu imediatamente qual era a sua parte. Atendeu o telefone.

— Pois não. Adriano Pacheco? Pode subir.

Os cinco minutos seguintes, quando todos sabíamos que Adriano já havia chegado e a qualquer momento chegaria ao gabinete do deputado, não foram regidos pelo tamborilar dos dedos de Técio. Agora todos falavam, quase ao mesmo tempo, alguns até sozinhos. Técio falou num tom mais alto, para ser ouvido por todos:

— Quando o Adriano chegar, deixa que eu explico o que está acontecendo. O deputado não precisa falar nada. E vocês dois — apontou para mim e para o Neco — ficam quietos.

Enquanto Técio dava algumas instruções para o segurança, Neco aproveitou o tempo que tinha antes da chegada de Adriano para não ficar quieto. Falou baixinho:

— Moa, tu viu como o deputado se comportou? Parecia um cachorrinho. O cara falou *"sit"*, ele sentou, se jogasse um graveto, ele ia pegar.

— Esse deputado tá devendo, Neco, e o Técio sabe quanto.

Adriano não demorou a chegar. Logo ouvimos a batida na porta. Os seguranças seguiram as instruções que lhes foram dadas. Enquanto um deles abriu a porta, o outro agarrou os braços de Adriano e o puxou com força para dentro do gabinete. Em seguida, o primeiro segurança trancou a porta, tirou a chave e colocou no bolso. Juro que por um segundo achei que ele ia engolir a chave.

O susto de Adriano ficou estampado em sua cara. Por alguns segundos, os seus olhos esbugalhados e o queixo caído o deixaram com uma tremenda cara de bobo. Olhava por toda a sala, procurando entender o que estava acontecendo. Tive vontade de rir, mas abafei a risada. Neco não conseguiu. Técio não gostou da reação de Neco.

— Para de rir, idiota, que a coisa aqui é séria.

— Desculpa, mas a cara dele... — Neco mal conseguia conter o riso.

— O que tá acontecendo aqui? — Adriano procurou se recompor. Sua cara mudou e a sua expressão não era mais motivo de risos. Agora já havia percebido que caíra em uma cilada e o ódio era visível em seu semblante. Os dois seguranças perceberam a mudança de atitude de Adriano e seguraram seus braços com firmeza. Adriano tentou se soltar:

— Não me segura! — gritou. — O que você quer, Técio?

— Calma, Adriano. A gente só vai acertar umas continhas.

Nesse momento os dois seguranças o sentaram à força numa cadeira e, com uma corda de náilon, o amarraram. Os gritos de Adriano logo foram contidos com uma mordaça. Mas mesmo assim Adriano conseguia emitir sons bem altos.

— Hmmmpfff! Hmmmpppfff!

Dessa vez o deputado reagiu.

— Vocês não podem fazer isso dentro do gabinete de um deputado federal!

— Não se pode fazer o que em seu gabinete? — Técio perguntou irado.

— Amarrar e amordaçar um cidadão! Torturar um cidadão!

— Ah, é? O deputado agora virou defensor dos fracos e oprimidos? Então me diga: o que se pode fazer dentro do gabinete de um deputado como você? O que se pode fazer nesse gabinete? Negociar o voto, pode? Conversar com empreiteiras, pode? Conversar sobre a participação no mensalão, pode? Ligar pra mim pra exigir mesada pra apoiar o governo, pode?

— O que é isso, Técio? — O deputado assustou-se.

— Você, deputado Indalesio Flores, vai agora posar de bonzinho? De paladino da democracia? No meu gabinete não se pode bater em vagabundo... E onde você bate nos vagabundos? Vai me dizer que você, um cara metido em todo tipo de negociata, nunca mandou os seus seguranças baterem num vagabundo?

— Técio, chega! — agora Indalesio gritou. — Eu não admito que você me acuse de fazer essas coisas no meu gabinete!

— Ah, quer dizer que você não faz isso no seu gabinete? Faz onde então? Pois fique sabendo que eu ainda não te acusei de nada, vou começar a acusar agora! Porque foi você que me indicou esse sujeito. Você que me disse que o Adriano era de confiança. E agora ele está me chantageando. Eu não duvido nada que o nobre deputado esteja envolvido em mais essa sacanagem.

— Eu não sei de nada! Eu não tenho nada a ver com as suas sacanagens, Técio. Eu indiquei esse sujeito porque ele era um funcionário confiável. Deve ter mudado depois! Depois que ele foi trabalhar pra você eu não falei mais com ele. — O deputado então perguntou pro Adriano: — Há quanto tempo você não fala comigo, Adriano?

— Hmmmppfff, hmmmppff! — Adriano tentou responder.

O deputado percebeu que não conseguiria o depoimento favorável de seu ex-funcionário e mudou de tática:

208

— Técio, você não pode entrar assim em meu gabinete e fazer o que você está fazendo com o meu ex-funcionário. Eu vou chamar a segurança.

— Deputado, o senhor não vai chamar porra nenhuma!

— Vou chamar sim! Por quê? Você vai mandar seus seguranças me baterem? Sabe a merda que isso pode dar pra você, bater num deputado dentro da Câmara?

O deputado partiu em direção à porta, mas foi contido pelos seguranças.

— Vocês vão barrar a saída de um deputado de seu próprio gabinete?

Nesse momento a arrogância de Técio resolveu dar uma trégua e ele decidiu mudar a sua atitude. Deve ter percebido que havia passado do ponto. Técio respirou fundo e procurou acalmar-se. E tratou de apaziguar o deputado.

— Calma deputado, não precisa chamar a segurança. Nós vamos tirar o Adriano daqui. Eu sei que você não está metido nisso, eu sei que isso foi coisa do Adriano.

As coisas já estavam muito diferentes do que eu e Neco havíamos planejado. Não tínhamos muita ideia do que poderia acontecer no gabinete do deputado, mas achávamos que pelo menos, ali dentro, haveria alguma segurança e poderíamos conseguir negociar alguma coisa a meu favor. Mas, se saíssemos dali e fôssemos para um outro local, sabe-se lá o que poderia acontecer. Então eu resolvi deixar o meu papel de espectador e perguntei:

— Você vai tirar o Adriano daqui?

— Isso, vamos levar o Adriano daqui — Técio confirmou.

— Pra onde?

— Eu ainda não sei. Vocês dois — apontou para os seguranças —, vocês conhecem algum lugar ermo, tranquilo, onde a gente possa conversar com o Adriano?

Os seguranças se olharam sem saber o que fazer. Certamente conheciam não apenas um, mas vários locais para onde poderiam levar um sujeito para encher ele de porrada em segurança, mas não sabiam se deviam ou não dizer. Estavam ali para cumprir ordens, não para dar ideias. Enquanto eles fingiam que tentavam lembrar de algum local deserto, o deputado, percebendo que a situação havia mudado, resolveu contribuir:

— Eu conheço um lugar, é um pouco longe daqui, mas...

— Eu sei de um lugar melhor! — Foi Neco que gritou. — Eu conheço um lugar ótimo pra gente levar o rapaz e resolver essa pendenga.

— Onde é?

— Coloca o Adriano no carro que eu indico o caminho.

— É longe? — Técio perguntou.

— Não, é pertinho, é no Plano Piloto — Neco falou com confiança.

Técio ainda insistiu com os seguranças se eles não conheciam mesmo nenhum local, mas eles ainda se mostraram indecisos.

— Tudo bem, vamos pro lugar que ele conhece. — Técio apontou para Neco.

— Mas como é que a gente faz pra tirar ele daqui? — o deputado voltou a se preocupar. — É que... não dá pra vocês arrastarem o sujeito pelos corredores do Congresso.

— É — Técio respondeu pensativo.

Enquanto o deputado se juntava a Técio para confabular sobre como fariam para tirar Adriano do prédio, eu aproveitei para tirar uma dúvida com Neco.

— Neco, que lugar é esse que você conhece?

— Fica na sua, Moa, tu vai ver.

— Você não conhece lugar nenhum, não é, Neco?

— Fica na sua, Moa, deixa comigo!

Antes que eu pensasse em não ficar na minha ou em não deixar com o Neco, a reunião versando sobre o futuro imediato de Adriano chegou ao fim.

— Pega a mala! Pega a mala! — a ordem veio do Técio.

O deputado explicou onde a tal mala ficava guardada e os dois seguranças saíram da sala. O deputado ligou para alguém autorizando a retirada da tal da mala pelos seguranças do Técio. Logo, eles retornaram trazendo uma enorme mala com rodinhas. O que aconteceu em seguida foi tão rápido que eu mal consegui acompanhar. Primeiro, Adriano levou um porradão tão forte que desmaiou. Em seguida os dois brutamontes agarraram o corpo inerte e o acomodaram na mala. Então a mala foi fechada e um dos rapazes calmamente começou a empurrar a mala, pronta para a viagem.

Saímos da sala empurrando nossa mala. O deputado ficou em seu gabinete, aliviado por se livrar daquelas visitas incômodas. Percorremos os corredores do Anexo 3 sem ninguém nos incomodar. Acho que por ali não fazia parte da etiqueta perguntar o que havia dentro das malas carregadas por aqueles corredores. Saímos do prédio e seguimos em direção ao estacionamento. Curioso, perguntei em que carro seguiríamos e não obtive resposta. Chegamos até um carro que não sei a quem pertencia, mas concluí que estava sob a responsabilidade de um dos seguranças, pois foi ele que abriu o carro e colocou a mala no porta-malas. Entramos no carro. Um dos seguranças assumiu o volante e Técio sentou no banco do carona. Eu, Neco e o outro segurança sentamos no banco traseiro.

— E aí, pra onde vamos?

Acho que Neco esqueceu que era ele que deveria dar a direção. Diante do silêncio, Técio resolveu falar mais alto.

— Onde é esse tal lugar deserto? Qual é o caminho, porra?

— Ah, sim... — Neco se deu conta do que tinha que fazer, apontou o braço numa direção. — É por ali.

— Ali, onde? À direita?

— É... à direita...

O segurança seguiu a indicação de Neco e virou à direita. Então Neco foi dando a direção.

— Segue em frente... ali à direita... pode ir reto... vira à direita e depois à esquerda...

Seguimos assim por cerca de meia hora. O caminho era completamente sem sentido, mas até um certo instante todos estavam acreditando que ele sabia o que estava fazendo. A verdade é que as indicações de Neco não passavam de instruções de como dar voltas e voltas pelo Plano Piloto. Mas aquilo não podia dar muito certo, é claro que nós acabamos entrando numa rua em que já havíamos passado.

— Porra, meu irmão, nós já passamos por aqui! Tu tá perdido! — Técio irritou-se.

— Ou então ele tá enrolando a gente, chefe — um dos seguranças resolveu falar.

— Não tô enrolando não... — Neco prontamente se desculpou. — É que eu errei uma entrada ali atrás, mas agora já me situei.

Neco então falou algo em meu ouvido, mas falou tão baixinho que eu não ouvi. Ele repetiu e eu achei que tinha ouvido a palavra "Marilda". Olhei para Neco com cara de assustado e ele percebeu que eu havia entendido, e confirmou com um quase imperceptível aceno de cabeça. Era isso mesmo, ele queria que fôssemos para a casa de Marilda. Não dava para discutir aquela ideia de jerico dentro do carro. Resolvi tomar as rédeas da situação:

— Esse lugar que você tá nos levando é a casa daquela tua ex--namorada? — Continuei falando, antes que Neco me perguntasse que ex-namorada era essa. — Então eu sei que lugar é esse. Deixa que eu explico. Eu conheço Brasília melhor que o Neco.

Demorei um pouco ainda para me localizar, mas logo reconheci o caminho. Dei as indicações. Andamos mais uns 15 minutos até que chegamos ao local que Neco queria, o edifício da Marilda. Paramos o carro.

— É ali — indiquei.

Técio virou-se para nós bufando, soltando fogo pelas ventas.

— Tu tá maluco, ali é onde eu moro! Tu tá me enrolando o tempo todo, seu filho da puta?

— O senhor quer que eu dê umas bifas nele, chefia? — um dos seguranças ofereceu os seus serviços.

— Aqui não, vamos para um local deserto e aí tu acaba com essa cambada toda.

— Pra onde vamos, chefia?

— Porra, tu não é segurança? Vai me dizer que nunca deu uma coça em um vagabundo num local deserto?

A pergunta ficou sem resposta.

— Eu dobro seu salário se você me levar num local bom pra gente enxulapar esses dois aí. E mais o da mala.

— Tudo bem, chefia, mas tem que aumentar o cachê do Dagoberto também! — Dagoberto era o nome do outro segurança, o que estava no banco de trás comigo e com Neco. Técio não esperava aquele *sprit de corps*, mas assentiu.

— Ah, é sindicato, é? O que vocês querem mais? Horas extras? Adicional de insalubridade?

Estranhei aquele comportamento vindo de um ex-sindicalista que sempre lutou pelo direito dos trabalhadores, afinal era isso que os rapazes estavam reivindicando, seus direitos. Mas a discussão entre patrão e empregados não seguiu em frente. Um barulho forte interrompeu a discussão.

— O que é isso?

— Não sei. Parecem pancadas — respondi. O barulho era repetitivo, como se alguém estivesse dando pancadas em uma lata.

— Que raio de batucada é essa? — Técio perguntou irritado.

Então, todos entendemos ao mesmo tempo do que se tratavam as pancadas. Gritamos os cinco quase em uníssono.

— O Adriano!

Técio e os dois brutamontes saltaram correndo do carro. Abriram o porta-malas do carro e descobriram que Adriano havia conseguido abrir a mala em que estava e batia como um desesperado no capô do carro. Mas, quando o capô foi aberto, ele trocou as pancadas por gritos.

— Socorro! Socorro!

Técio fechou rapidamente o capô, trancando Adriano de novo e abafando seus gritos. Então as pancadas voltaram.

— Cala a boca! Cala a boca! — Técio gritava sem saber o que fazer, logo deixou de ser representante do patronato e voltou a se aliar à classe trabalhadora. Pediu ajuda aos seguranças: — Caralho! Como é que a gente vai fazer? Com um barulhão desses, daqui a pouco isso vai dar merda!

Um dos seguranças arriscou uma resposta.

— O senhor não mora aqui? Por que a gente não leva ele pra sua casa?

— Tá maluco? Na minha casa nem a pau! Vocês são uns seguranças de merda mesmo, amarraram o puto mal pra cacete!

— Foi mal, chefia.

— Foi mal é o caralho! A gente tem que tirar esse cara daqui.

Os dois seguranças abriram novamente o porta-malas, agarraram Adriano, cuidando para tapar a sua boca, e o puxaram para fora. Adriano se debatia bastante, mas os dois sujeitos eram muito fortes e conseguiram contê-lo.

— E agora, a gente leva ele pra onde?

— Vem comigo. — Técio partiu em direção à portaria de seu prédio, seguido pelos dois seguranças que arrastavam Adriano. Eu e Neco fomos atrás.

214

Passamos pelo porteiro, que fingiu que tinha algo muito importante a fazer do outro lado do prédio. Que porteiro vai reclamar do que um condômino poderoso faz ou deixa de fazer?

Entramos todos no elevador. Técio apertou o botão de um andar.

— Esse é o andar da Marilda — falei.

— É... — Só nesse instante Técio percebeu que eu e Neco os acompanhávamos. — O que vocês tão fazendo aqui? Vocês querem se foder, é?

— Nós vamos acompanhar vocês — eu disse.

— É você mesmo que vai bater na gente pra gente não ir, ou os seus seguranças vão largar o Adriano pra nos pegar? — Neco perguntou com um sorrisinho escroto.

No apartamento

Quando abriu a porta e se deparou com aquela quantidade de gente, Marilda arregalou os olhos. E ficou ainda mais assustada, quando um dos seguranças a empurrou para que desse passagem para a entrada de seis pessoas em seu apartamento. Marilda até tentou reagir, mas como é que uma mulher sozinha poderia conter tantos homens? Restou a ela reclamar:

— Como é que vocês invadem assim a minha casa? Isso é um absurdo! Esse apartamento é meu e eu não dei autorização para vocês entrarem! Eu fui empurrada por esse brutamontes em minha própria casa, isso é um acinte! Técio, o que está acontecendo?

— Infelizmente esse foi o único local que nós encontramos para fazer o que é preciso fazer, Marilda — Técio explicou. — Desculpa, Marilda.

— Eu não admito isso, Técio! Como é que vocês invadem assim a minha casa e, ainda por cima, arrastando um sujeito à força? A minha filha podia estar em casa e ver esse absurdo.

— Ela está em casa? — eu perguntei.

— Não — Marilda respondeu.

— Graças a Deus! — respirei aliviado.

Marilda começou a gritar, mas Técio só respondia:

— Fique tranquila. Um minutinho só... um minutinho... — Técio parecia ter sido tomado pelo espírito de um operador de telemarketing. A cada grito e reclamação de Marilda ele só repetia:

— Um minutinho, por favor.

Antes que ele começasse a falar em gerundês, eu entendi o que estava acontecendo: Técio acompanhava a ação de seus capangas que, mesmo com toda a sua força e brutalidade, tinham dificuldade para amarrar Adriano a uma poltrona. Assim que os seguranças conseguiram conter Adriano, Técio voltou-se para Marilda. Agora falou como uma pessoa normal:

— Marilda, desculpa invadir o seu apartamento assim, mas foi algo que aconteceu, não tivemos escolha. Pode ficar tranquila que vamos terminar isso aqui rapidamente.

— Eu não sei quem é esse sujeito, nunca o vi em minha vida! Eu não sei o que vocês querem fazer com ele, mas eu não vou tolerar violência na minha casa!

— Marilda, vai lá pra dentro, por favor. Eu prometo que isso vai durar pouco tempo.

— Eu não vou lá pra dentro, essa é a minha casa!

— Marida, você tem duas opções: ir lá pra dentro quieta ou ir lá pra dentro calada, qual dessas você prefere? — Técio gritou. Sua agressividade assustou Marilda. Ele não disse o que poderia acontecer se ela não obedecesse, mas ela entendeu perfeitamente que era melhor o acatar. Antes de sair da sala, Marilda ainda tentou manter um fio de dignidade:

— Olha, eu vou lá pra dentro. Vou porque não quero ser testemunha do que vai acontecer aqui, seja lá o que vocês querem fazer com esse sujeito. Espero que vocês não se arrependam depois.

Assim que Marilda saiu de cena, todos se voltaram para Adriano e se prepararam para o início do embate. O local para o acerto de contas seria aquele mesmo. Técio tratou de começar o seu assunto com Adriano:

— E aí, Adriano? Qual é o seu problema? Tu não ficou satisfeito com o seu pagamento? Pois agora tá na hora de discutir isso... eu vou tirar a mordaça, se você quiser falar, sem gritos, tudo bem. Senão, se tu voltar a gritar e esbravejar, aí a gente resolve essa parada com uma pessoa só falando: eu! A escolha é sua.

Adriano concordou com a cabeça e Técio afastou a mordaça da boca de Adriano com cuidado, esperando que ele voltasse a gritar. Mas não foi o que aconteceu.

— Tudo bem, vamos acertar — Adriano falou com dureza, mas sem gritar. Não parecia se importar com o fato de estar amarrado a uma poltrona e cercado por pessoas cheias de más intenções. E mandou mais:

— A parada é a seguinte: tu tem que me pagar. Tu tá me devendo uma baba!

— Tu é corajoso pacas, hein... — Técio não gritou, falava com calma, mas com ódio. — Ora, Adriano, você é apenas um assessorzinho de merda, não tem ideia do que acontece nos andares superiores. Um merdinha como você não pode querer mais do que merece. Você acha que eu tenho medo de um chantagista de quinta categoria como você? Tu não me faz nem cosquinha. Mas no momento que tu passa do ponto, aí você me obriga a agir.

Adriano não parecia intimidado. Respondeu:

— Eu participei do negócio de vocês desde o início. Fiz tudo que me pediram. Você me contratou pra tirar esse mané da empresa. — Adriano apontou em minha direção. — Eu fui lá e tirei.

— E ganhou um emprego, um ótimo emprego. Foi o que eu te prometi — Técio aumentou o tom.

— Emprego é o cacete! Eu não era seu empregado da Info-Estoque. Eu era seu operador. Foi essa a palavra que você usou quando me contratou. O operador! Tu queria que eu controlasse as suas jogadas com o Orlando, em troca de quê? De uma comissãozinha de merda? Você acha que eu sou idiota? Eu acompanhei todas as jogadas, todas as licitações de empresas do governo que você armou para que a Info--Estoque ganhasse. O Orlando ganhava os contratos e você ganhava comissão. Ótimo negócio, dinheiro a rodo! Eu sei de tudo e participei dessas paradas. É justo que eu dê uma mordida maior nessa grana!

218

Nesse momento eu não aguentei e entrei na conversa.

— Por que você fez isso, Técio? Nós sempre fomos contra esse tipo de coisa...

— Cala a boca, Moacir, o assunto agora é outro.

Técio não estava com o menor saco para discutir comigo, queria se livrar logo de Adriano e depois tratar do meu caso, mas eu insisti:

— Não! Não! Ele falou que você botou ele lá pra me tirar da parada. Ele disse com todas as letras que você armou tudo! Você tem que me explicar por quê? Tu não era de esquerda? Você só queria fazer a revolução, agora quer ficar rico?

— Que rico é o cacete! — Técio berrou. — A grana não era pra mim! Você não entende nada de política. Você sabe quanto custa uma eleição nesse país? Mas eu não estou aqui pra discutir política, Moa!

— Eu não tô interessado no que tu ia fazer com o dinheiro, Técio! — Adriano gritou, tratando de fazer as atenções se voltarem para ele. — Não me interessa se tu ia comprar um iate ou um político. O que vale é que as jogadas existiam e eu tenho tudo documentado. A Info-Estoque era uma empresa de informática, foi só convencer um nerd daqueles a raquear o computador do Orlando. Tá tudo num pen-drive! Um monte de documentos, e-mails, planilhas, um monte de arquivos que acabam com a sua vida política, Técio! Se vocês me denunciarem, eu mando o pen-drive para um jornal e viro herói nacional.

— Tu tá me chantageando, seu filho da puta?

— Chama do jeito que você quiser.

Os olhos de Técio se injetaram imediatamente, parecia que iam estourar. Dos lados de sua boca começou a sair uma gosma branca, o cara estava literalmente babando de raiva. Técio esqueceu qualquer tática ou estratégia de interrogatório e começou a urrar:

— Eu não negocio com filho da puta! Eu não negocio com chantagista! Não vou dar um puto de um centavo pra chantagista filho da puta! Dá uma porrada nesse cara — ordenou aos seguranças.

Os dois brutamontes até suspiraram de felicidade. Finalmente tinha chegado a hora de eles começaram a encher o Adriano de socos. Cada um esmurrava uma vez. Um da direita pra esquerda e o outro da esquerda pra direita, numa coregrafia tão bem encadeada que certamente era fruto de vários ensaios em outras ocasiões. Não precisou de muito tempo para que jorrasse sangue da boca de Adriano.

Mesmo com a boca sangrando, Adriano retomou a palavra. Ele não perdeu o rebolado. Continuou desafiando:

— É chantagem sim, mas e daí? O que é pior: chantagem ou roubalheira? Pra mim é tudo a mesma merda! Tamos todo mundo no mesmo barco. O pen-drive tá bem guardado. É só pagar a minha parte que eu fico quieto e sumo com a parada.

— Tu quer tomar mais porrada, Adriano? Eu já falei que não negocio com chantagista. E principalmente não negocio com assassino. Eu te entrego pra polícia como assassino do Orlando, porra!

— Eu não matei ninguém! Quem matou foi esse mané aí!

Demorei algum tempo para me dar conta de que o mané era eu. Levantei-me irritado e gritei:

— O mané aqui não matou ninguém!

— Até agora a justiça diz que foi você — Adriano respondeu.

— Eu não sou culpado de nada. Nem de falcatrua, nem de assassinato. Tu que matou o teu sócio. Ficou putinho porque foi expulso da empresa e mandou uma bala nele.

— Foi você que matou, seu escroto! — gritei.

Se cheguei a ter pena de Adriano por ele estar apanhando sem direito a defesa, a minha porção defensora dos direitos humanos cedeu terreno para o troglodita que havia dentro de mim. A raiva subiu rápido e eu gritei com todas as minhas forças:

— Foi você que matou! Você, seu desgraçado, seu filho da puta!

Todos olharam para mim ao mesmo tempo. Pareciam assustados com os meus gritos. Os seguranças chegaram a arregalar os olhos, como se fossem duas ladies inglesas perturbadas com a ação de um punk. Técio também olhou para mim de boca aberta, mas percebeu que eu tinha algo a dizer, e com um sutil movimento de cabeça disse para eu ir adiante. Eu segui falando, agora um pouco mais calmo, mas apenas o bastante para poder concatenar as minhas ideias e não cuspir enquanto falava:

— Na noite do crime, você armou com a Viviane para ela afastar o segurança da porta da Info-Estoque. Convenceu Viviane a dar uma cantada no segurança e tirar ele do caminho. Ela estava apaixonada e faria qualquer coisa que você pedisse. E não foi difícil para a Viviane cumprir a sua missão. A Viviane me contou tudo. Você usou ela pra me ferrar e depois pra ferrar o Orlando. Ela pode contar tudo isso na justiça e eu quero ver você se defender. E o segurança que ela cantou pode confirmar. Pra que você queria ficar sozinho com o Orlando? Por que você queria ficar sozinho e armado? Porque você precisava dessa vantagem pra conseguir o que queria. E o que você queria do Orlando? Você queria tirar grana do Orlando. Você sabia de todas as jogadas da Info-Estoque com o Técio. Provavelmente você já estava com as falca-truas documentadas, já devia estar com esse pen-drive que você diz ter. Você queria tirar grana do Orlando e precisava tirar o segurança do caminho pra entrar lá armado. Com a arma e o pen-drive ia ser fácil, você pensou. Mas o Orlando não era tão bobo assim. Não aceitou a sua chantagem de primeira. Vocês discutiram ou sei lá o que aconte-ceu, mas alguma coisa deu errado e você teve que matar o Orlando.

— A Viviane te disse tudo isso? Burra do jeito que ela é?

— Não, ela só disse a parte que sabia, que cantou o segurança pra tirar ele da frente pra você poder entrar na Info-Estoque. O resto fui eu que deduzi.

— Eu fui lá, sim, mas não estava armado. — Adriano já não mostrava tanta segurança. — Eu só queria conversar com o Orlando... eu só conversei e fui embora. Depois tu chegou e passou o cara.

Depois de todos os showzinhos que haviam acontecido naquele palco, do número de Marilda tentando impedir a entrada em sua casa, da cena de Técio colocando Adriano em seu devido lugar, da performance de Adriano, levando porrada sem perder a pose, do espetáculo de pugilismo encenado pelos seguranças e de meu próprio show, explicando como Adriano matou Orlando, só faltava a entrada em cena de Neco, que havia permanecido quieto até aquele momento.

— Bom, meu irmão — Neco tomou a frente do palco —, eu só sei que o Moacir era o único suspeito do crime até agora. Mas, com essa história da gostosa tirando o segurança da portaria pra você entrar, ficou esquisito pro seu lado. Se esses dois testemunharem que tu esteve lá na noite do crime... tu também é suspeito, maninho! O Moa pode até ter dado azar de estar lá na hora que a polícia apareceu, podia até ter motivos pra matar o Orlando, mas tu também tinha. E tu também andou por aquelas bandas naquela hora. O jogo tá empatado.

— Empatado porra nenhuma! —Adriano gritou, sentindo o golpe. — Esse cara aí que matou o Orlando!

— Tá empatado sim! — Neco continuou. — Mas o Moacir tá quase virando o placar. Tem uma parada que tu não tá sabendo: a polícia prendeu o Moacir na cena do crime porque o babaca do meu amigo fugiu sei lá por quê. Durante a fuga ele jogou a arma pela lixeira do prédio. Mas como a forma física do Moa é uma merda, a polícia logo agarrou ele. E aí o policial concluiu: se tem um cara morto na parada e o sócio dele que briga o tempo todo com ele tá na cena do crime e quando ele vê a polícia ele foge, então ele é culpado. Aí o Moa foi preso em flagrante e saiu em tudo que é jornal. Mas então aconteceu o seguinte: quando os peritos do necrotério abriram o cadáver do Orlando, os caras tiraram a bala do corpo do homem. Então, outros policiais foram lá no prédio, procuraram a arma pelo prédio todo e acabaram achando na lixeira. E quando compararam descobriram que a bala que matou o Orlando não tinha nada a ver com o revólver do Moa. Ele não morreu de um tiro daquela arma. Não foi o Moa que matou o Orlando, o serviço foi feito por outro revólver. Conclusão: o jogo tá empatado, mas o Moa tá quase inocente na parada. Agora surgiu outro suspeito do crime, e esse outro suspeito é você, Adriano. Tu agora é que é o número um nas investigações da polícia, sacou?

Fiquei olhando para Neco sem acreditar. Eu não sabia de nada daquilo. Ignorava que havia sido feita uma necrópsia, e também que a cápsula encontrada no corpo não poderia ser da minha arma. Como é que Neco sabia de tudo aquilo e nunca havia me contado? Porra, se eu estivesse de posse dessas informações, a situação seria completamente diferente. Se o meu advogado soubesse disso, eu teria saído da prisão muito antes. A minha reação inicial, que durou alguns décimos de segundos, foi de raiva. Como é que o puto do Neco sabia dessas coisas e não me contou? Quase gritei isso para ele, mas então o meu cérebro funcionou mais um pouco e eu percebi o que estava acontecendo: era tudo cascata. Neco inventou aquela informação, ninguém descobriu coisa nenhuma. Graças a Deus eu não gritei nada! Se abrisse a boca naquele momento, Adriano perceberia o golpe. Mas, pelo jeito, o blefe de Neco funcionou. Adriano ficou quieto por um instante, mas logo voltou a falar:

— Tá legal! Fui eu que matei sim, mas foi sem querer. Eu já tinha cobrado a minha parte mais de mil vezes, e o Orlando nada. Qual é a do cara? Tava se achando muito esperto! Então eu resolvi dar uma dura nele. Peguei o cara sozinho no escritório e apontei uma arma pra ele, mas o cara reagiu, porra! Pra que ele reagiu? Ele tentou tirar a arma da minha mão, aí a gente lutou, a gente se embolou no chão e eu acabei puxando o gatilho. Podia ter sido ao contrário, ele podia ter me matado, porque o puto era mais forte do que eu. Mas fui eu que atirei. Aí eu fugi. No dia seguinte eu vi que os jornais diziam que a culpa era do Moacir Stein.

Gostei! Além de confessar, ele usou o meu nome inteiro em vez de "esse mané". Mas afora o respeito por mim, a atitude de Adriano continuava beligerante.

— O que importa é que ninguém me pegou ainda! E a coisa é muito simples: se alguém aqui tentar mudar isso, eu digo o que queria com o Orlando. Eu apresento meu pen-drive para um jornal. O pen--drive é o motivo do crime, essa é a questão. E aí, Técio, tu vai encarar essa?

Todos ficamos olhando para o Técio, esperando a sua reação. E a sua resposta mostrou o quanto ele havia aprendido em sua pequena carreira exercendo o poder em Brasília. Técio levantou-se e andou um pouco pela sala, em silêncio. Mas logo começou a falar. E falou coisas que pareciam não ter nada a ver com o que se passava ali naquela sala. Todos acompanhamos sem entender o que acontecia. Técio fazia um discurso sobre a paz. Antes que eu concluísse que Técio havia surtado de vez, eu percebi que aquele estranho discurso que citava Jesus, Ghandi e Marx, que falava de conciliação, amizade, união e outras palavras desse teor, era apenas um preâmbulo para a sua proposta para resolver aquele impasse. E a proposta demorou a vir, mas acabou vin-do. E foi digna dos maiores acordos políticos que se fazem no país. Algo que só Brasília pode produzir.

A proposta, segundo Técio, era boa para todo mundo e era a seguinte: Adriano lhe entregaria o pen-drive e esqueceria o que acon-teceu na Info-Estoque. Em troca, não seria denunciado pela morte de Orlando e teria de volta o seu emprego de assessor do deputado Inda-lesio Flores. Ele intercederia junto ao deputado, que certamente topa-ria recebê-lo de volta em troca de ajuda para lidar com a CPI do men-salão. Eu também não levaria a culpa pelo crime. Técio se comprometia a arrumar uma terceira pessoa, inventando uma história de um sujeito que supostamente tentou assaltar a Info-Estoque e acabou matando Orlando.

Todos ouvimos a proposta de Técio e ao final fizemos uma ou outra objeção, todas facilmente rechaçadas por Técio, apenas um teatro antes de topar esse acordo em que ninguém saía perdendo.

Quando Marilda voltou lá de dentro, deparou-se com um ambiente bem mais calmo em sua sala. Adriano já tinha limpado o sangue e todos agora conversavam animadamente. Depois dos apertos de mão que selaram o acordo, todos concordamos que estávamos com fome. Discutimos o que ia se pedir para comer. Eu propus pedir um japonês, mas os seguranças não concordaram com comida crua, preferiam McDonalds. Neco concordou com sandubas, mas não do McDonalds. Marilda entrou nessa discussão com a informação de que havia um restaurante árabe perto, que entregava em casa. Acabamos todos fechando com Técio, que sugeriu ligarmos para um restaurante e pedir filé com fritas para todos.

Não sei por quê, mas ninguém propôs que se pedisse pizza.

* * *

Depois que comemos, algumas providências que garantiam o acordo começaram a ser tomadas ali mesmo no apartamento. A primeira ação foi a ligação de Técio para o deputado Indalesio Flores para pedir o emprego de Adriano de volta. Só escutei o que Técio falava, mas não era difícil adivinhar o que o deputado dizia do outro lado.

— Deputado, tudo bem? É Técio.

...

— Tudo bem, já resolvi o meu problema com o Adriano, quer dizer, falta uma coisinha que depende do senhor.

...

— É do senhor mesmo, nobre deputado...

...

— Eu sei que o senhor vai ter muita honra em me fazer esse favor. É o seguinte: eu preciso que o senhor empregue de novo o Adriano em seu gabinete.

O som do outro lado aumentou um pouco, acho que nesse momento o deputado gritou algumas coisas, inclusive impropérios. Técio esperou um pouco e então berrou, provavelmente mais alto do que o deputado porque paramos de ouvir a voz que vinha do outro lado.

— Como é que não tem vaga, deputado? É só o senhor dispensar uma dessas moças que o senhor emprega em troca de uns boquetinhos de vez em quando. Elas nunca vão aí, e o Adriano com certeza vai... não vai Adriano?

Adriano concordou.

— O Adriano tá me dizendo que vai trabalhar direitinho, vai bater ponto todo dia!

...

— Fique quieto, deputado! O senhor vai aceitar ele sim, senão eu vou foder com a sua vida, tá entendendo? Tá esquecendo que tá enrolado no escândalo do mensalão? Já pensou o que pode lhe acontecer se você for abandonado nesse momento?

...

— É claro que faria isso! Faria até com gosto, porque você é um filho da puta de um reacionário ladrão que só pensa em si mesmo e nas putas que come! Mas posso não me lembrar o quão escroto o senhor é, se me fizer esse pequeno favor...

...

— Que bom, deputado! Que compreensivo o senhor é... Olha, vou passar o telefone para o seu novo assessor para ele combinar algumas coisas com o senhor. Passar bem...

Técio entregou o telefone para Adriano, que combinou a sua volta para dali a dois dias. Assim que desligou o telefone, Adriano se despediu de todos e saiu do apartamento. Os dois seguranças o acompanharam com a missão de reaverem o pen-drive.

Assim que Adriano se mandou, Técio fez menção de ir embora também.

— Peraí, aonde você vai? — perguntei, barrando o seu caminho.

— Nós já resolvemos as nossas questões, podemos voltar à vida normal.

— Não, você resolveu a sua questão e a do Adriano. Mas e a minha? Eu ainda estou sendo acusado pela morte do Orlando!

Técio resolveu ligar do quarto de Marilda. Marilda o seguiu e eu tentei ir atrás, mas os dois seguranças trataram de impedir a minha passagem. Não sei para quem Técio telefonou, presumo que foi para algum policial seu amigo ou coisa que o valha. Só Marilda teve acesso ao teor da conversa. Ela era a minha garantia de que Técio havia resolvido o meu problema do jeito que havia prometido. Eu tinha que confiar nela e não sabia, depois de tudo que havia acontecido entre nós, se podia confiar.

E a merda toda acabou

Acabei me livrando da acusação de assassinato. Uma semana depois do acordo feito no apartamento de Marilda, a polícia apareceu com um bandido que confessou ter matado Orlando, quando tentou assaltar a Info-Estoque. Nada como uma distribuição de dinheiro para alguns policiais e um bandido foragido que já tinha uma pena enorme a cumprir. O sujeito topou assumir essa culpa em troca de uma grana para a família. Era apenas mais um item numa lista enorme de crimes que havia praticado.

Eu devia ter ficado feliz, ter bebido todas para comemorar, mas, em vez disso, fiquei deprimido. Em meu íntimo eu não gostava do arranjo feito para me livrar da cadeia. Fiquei várias noites sem dormir, consumido pela culpa, com o sentimento de estar fazendo a coisa errada. Pensei até em ir à delegacia e contar tudo que sabia, que Adriano era o verdadeiro assassino de Orlando e que ele é que devia ir para a cadeia. Quem me impediu de fazer essa besteira foi o Neco. Usou diversos artifícios para me persuadir a desistir desses meus arroubos de justiça, mas eu continuava insistindo que queria contar a minha versão dos acontecimentos à polícia. Até que, certo dia, Neco me mostrou um jornal popular, desses que a gente espreme e sai sangue. Na página cinco, em meio a várias notícias policiais, a informação de que um preso havia morrido esfaqueado depois de um tumulto generalizado num presídio.

— Olha só, tu não precisa mais se preocupar. Eu reconheci o nome, esse cara que morreu esfaqueado é o sujeito.

— Que sujeito?

— O que foi pra cadeia no seu lugar.

— No meu lugar, não, você quer dizer no lugar do Adriano.

— É, pra você é no lugar do Adriano, tu tá até sem dormir por causa disso. Mas pra polícia é no seu lugar. É isso que eu tô tentando te dizer esse tempo todo.

Peguei o jornal e li a notícia.

— Que merda, o cara morreu porque foi preso injustamente.

Neco arrancou o jornal de minha mão.

— Ah, não enche o saco! O cara morreu porque mais cedo ou mais tarde ia morrer. Tu tinha mais é que ir pra prisão mesmo, e sabe qual é o seu crime? Ser babaca!

Por mais que desconfiasse que Neco havia inventado aquilo, que ele não tinha a menor ideia do nome do sujeito que foi preso por supostamente matar Orlando, acabei aceitando os seus argumentos e, com o tempo, esqueci a ideia de tentar colocar Adriano atrás das grades.

Na verdade, pelas notícias que acabei recebendo sobre Adriano, eu não precisava me preocupar muito com a sua sorte. Ele se livrou da cadeia, é verdade, mas a sua parte no acordo não lhe trouxe muitas vantagens. Em meio às investigações sobre o escândalo do mensalão, o deputado Indalesio Flores acabou renunciando ao mandato e, assim, Adriano perdeu o seu emprego e, além do salário, as oportunidades que surgiam por ser assessor de um deputado corrupto. Ficou desempregado e voltou a morar com a mãe. Parece que vivia de bicos, nada que lhe desse muito dinheiro. Foi Viviane que me contou isso, quando a encontrei por acaso na rua. A estagiária gostosa disse que falava de vez em quando com Adriano. Confessou que ainda tinha uma quedinha pelo sujeito, que ele estava na pindaíba e a convenceu a lhe emprestar mil reais. Depois que a boba lhe deu o dinheiro, ele sumiu. Há meses não tinha notícias de Adriano...

As notícias de Técio eu recebi pelos jornais, que contaram a história de sua saída do ministério. Pelo que li na imprensa, a Info-Estoque não foi a única empresa que Técio usou para levantar dinheiro com contratos superfaturados. Foram mais duas empresas, outros dois Orlandos que não morreram e outros dois Adrianos que apareceram pelo caminho. Técio não teve problema em apaziguar esses dois outros Adrianos, mas não contava com a secretária do dono de uma das empresas, que, depois de ser despedida, resolveu se vingar de seu chefe dando uma entrevista para uma revista de circulação nacional. Alguns jornalistas começaram a investigar as relações de Técio com essas empresas, os contratos delas com o governo, e a batata de Técio começou a assar. O escândalo tomou conta das primeiras páginas dos jornais, obrigando Técio a deixar o seu cargo no ministério, deixar o poder em Brasília e voltar para o Rio de Janeiro. Mas o tempo passou, a imprensa se ocupou de outros escândalos e Técio conseguiu voltar à vida política. É candidato a deputado federal nas próximas eleições.

A Info-Estoque acabou definitivamente. As portas estão fechadas, mas nada se pode fazer em relação à sala ou aos equipamentos, está tudo preso por conta do inventário de Orlando.

* * *

Voltei a ver meu pai uma única vez desde o nosso encontro em seu apartamento na Lapa. Dessa vez foi ele que veio me visitar. Chegou sem avisar. Abri a porta e deparei-me com a sua figura. Achei meu pai um pouco mais envelhecido, mesmo tendo se passado tão pouco tempo. Entrou, sentou-se no sofá e ficou me olhando.

— Tudo bem com a... — Não consegui lembrar o nome da moça que estava em seu apartamento quando lá estive.

— Jassiara — ele completou. — Ela voltou pra casa dos pais no interior.

— E você tá sozinho?

— Sempre estive, às vezes eu consigo uma moça, mas... — Ele fez uma pausa e entrou no assunto que parecia ser o que queria: — Você lembra aquela caixa que eu te dei...

— O revólver?

— É... você podia me devolver?

— Pra que você quer uma arma, pai?

Ele titubeou um pouco, acho que não esperava aquela pergunta.

— É que a situação ali onde eu moro tá meio braba...

— Não, não deve ser esse o problema, você quer vender a arma, é isso?

— É — ele admitiu —, a coisa tá meio devagar...

— A arma não existe mais, pai. Você não soube o que aconteceu comigo?

Meu pai não soube de nada. E eu não contei também. Dei quinhentos reais para ele, que saiu contente, sem estender muito mais a conversa. Percebi que a partir daquele momento suas visitas seriam mais frequentes e que eu precisava acrescentar algum dinheiro para ele em meu orçamento.

* * *

Marilda, minha ex-mulher, continuou em Brasília; está até hoje exercendo a mesma função. Voltamos a conversar depois que a merda toda acabou, e depois que ela largou definitivamente Técio, quando ele voltou para o Rio. Contei para ela sobre a garota de programa que vi com Técio na porta do Copacabana Palace, e ela ficou irritadíssima. Curti essa pequena vitória sobre Técio, mesmo sabendo que minha ex não estava mais com ele. Eu e Marilda não nos reconciliamos, também não viramos bons amigos, mas passamos a exercer em suficiente paz e harmonia a função de ex-casal e, principalmente, de pais de Anita.

Depois de toda a merda que aconteceu, o mais importante para mim era rever minha filha. E isso acabou acontecendo cerca de duas semanas depois de me livrar definitivamente da cadeia. A iniciativa foi de Marilda, que me ligou e me pediu para ir até a casa dela falar com nossa filha. Marilda me recebeu, chamou Anita e foi para o seu quarto. Abracei minha filha e, nervoso, tentei começar a difícil conversa com ela. Acho que nunca fiquei tão nervoso em minha vida.

— Filha, tudo bem?

— Hum, hum!

— Eu tô muito feliz de voltar a falar contigo.

— Legal.

— Você ainda tá chateada comigo?

— Não. Eu nunca fiquei chateada contigo.

— Nunca?

— Não.

— Nem naquele dia em que você saiu de casa quando me viu...

— É... — Anita riu. — Foi bizarro, pai!

— É... bizarro é uma palavra boa... mas você saiu de casa por causa daquilo.

— Não, eu só ia te avisar que ia dormir na casa da Cecília, mas você tava ocupado.

— Ocupado?

— Eu só fui dormir na casa da minha amiga. Aí no dia seguinte eu liguei pra mamãe pra falar com ela e acabei contando o que tinha visto você fazendo. Ela ficou toda nervosinha e disse que eu não podia mais morar contigo. Aí eu vim pra Brasília.

— Foi assim?

— Foi. Ela me obrigou a vir.

— Você não quis ir embora?

— Não.

— Que bom!

— Legal.

232

— Então tá. Eu posso vir aqui te visitar de vez em quando?

— Pode.

— Você também vai me visitar de vez em quando?

— Vou, pai.

— Tá.

— Tchau, pai. — Anita me deu um beijo e saiu de casa para encontrar com as amigas.

Anita continua morando com a mãe em Brasília. De vez em quando eu apareço lá e de vez em quando ela vem ao Rio, passar um fim de semana. Não sei se o que a atrai é a minha companhia ou a praia e as noites cariocas, mas de qualquer maneira eu a vejo bastante e fico feliz. É claro que toda vez que minha filha fica lá em casa eu busco me afastar de sites pornôs no computador e principalmente do canal de sexo explícito. Não quero ter experiências bizarras com minha filha de novo.

* * *

Eu certamente não precisava de que essa merda toda acontecesse comigo para mudar de vida, mas a verdade é que hoje tudo está diferente. Consegui um emprego de professor na PUC que tem dado para safar as minhas pequenas despesas. Sou apenas professor substituto de uma matéria do curso de Informática, nada muito importante, mas consigo reforçar minhas finanças com algumas consultorias que presto para antigos clientes da Info-Estoque que volta e meia me procuram. Consegui alugar um apartamento de tamanho suficiente para caber a minha cama e o meu orçamento. Não é muito longe, fica no Catete, bairro que pelo menos nos guias oficiais da cidade é considerado como sendo na área nobre da cidade, a zona sul.

Tenho gostado bastante de dar aula na PUC, o ambiente acadêmico me faz bem, voltei a ter contato com pessoas da minha área.

Uma aluna muito bonitinha veio um dia tirar umas dúvidas assim que a aula acabou e se insinuou para mim, mas eu me ative às explicações e nem olhei para a cara dela. Nem para os peitos, nem para as coxas. Depois de Viviane, estou vacinado. Mas sem dúvida a experiência foi boa; minha autoestima, que jazia enterrada, acordou e deu uma bocejada. Estou até de olho numa professora de letras que almoça no bandejão no mesmo horário que eu. Já consegui sentar na mesma mesa que ela e disse "oi". Ela respondeu "oi" também, o que considero um belo avanço.

Continuo saindo com meu amigo Neco, que permanece o mesmo porra-louca de sempre. Fechou o seu estúdio de gravação, abriu uma lan-house e está até se dando bem. Saímos bastante para tomar nosso chope com batatas fritas e volta e meia ele me convence a dar uma investida lá pelos lados da Tijuca, onde ainda mantém a esperança de conseguir algo com aquelas duas gatas, as clones da Mariana Ximenes e da Debora Secco. Não sei se o cara está realmente apaixonado por elas ou enlouquecido pela ideia de ir para a cama com as duas ao mesmo tempo. O que importa é que ele continua tentando, mas as moças são duras na queda.

Tento manter a boa forma física correndo na praia com o Neco. Aliás, sempre que posso, evito o uso do elevador e procuro usar as escadas, onde treino subidas e descidas em velocidade. Já estou conseguindo subir de três em três degraus e descer de quatro em quatro numa velocidade muito boa, sei lá, é sempre bom estar preparado. Consegui também realizar um desejo antigo: jogar duas peladas na semana, uma às segundas e outra às quartas-feiras.

Quem tem participado das peladas das segundas-feiras é o Nestor, o tal do advogado riquinho, que comparece com seu uniforme de goleiro completo, de grifes caríssimas. Apesar de o cara ser muito mauricinho, ninguém o sacaneia, porque conseguir alguém que tope jogar de goleiro é uma dádiva para qualquer grupo de peladeiros.

Um dia o Nestor levou para a pelada o Junior, o estagiário que tratou do meu caso. O Junior gostou do jogo e passou ser frequentador assíduo. Ele deve ter subido no escritório do Nestor, está mais desenvolto, conversando com todo mundo, contando piadas, só não fala muito comigo, acho que ficou chateado, sei lá. E o rapaz joga bem futebol! Tem habilidade, sabe driblar e passar com categoria, pode-se dizer que é craque. Logo que começou a participar de nossa pelada eu percebi que o moleque tinha uma predileção por me driblar. Sempre que podia me dava um drible desconcertante, um dia me deu um lençol, outra vez jogou a bola por debaixo das minhas pernas, logo me deu uma gaúcha, mas nada disso nunca me abalou. Sempre que ele tentava me humilhar desse jeito eu o elogiava, exercendo o fair play tão recomendado pela FIFA. Mas na última pelada o Junior exagerou. Partiu pra cima de mim, e quando eu dei o bote o cara me aplicou um elástico, aquele drible do Rivelino. Não titubeei, dei-lhe uma banda daquelas desclassificantes. O cara caiu estrebuchando no chão, gritando de dor. Todos na pelada se assustaram, achando que eu tinha quebrado a perna do menino. Uns dois ou três jogadores partiram para cima de mim, de cara feia, prontos a tomar as dores do Junior. Todos os peladeiros olhavam para mim, com cara de reprovação. Mas eu não vacilei. Ajudei o moleque a se levantar e falei duro:

— Pode me dar lençol, caneta e o escambau! Pode dar olé e me humilhar, mas o elástico não! Aí é demais! O elástico é minha especialidade!

O rapaz ficou de pé, não havia quebrado a perna. A pelada continuou. Junior nunca mais tentou dar um elástico em mim.

Copyright © 2010 Beto Silva

Todos os direitos desta edição reservados à
Editora Objetiva Ltda.
Rua Cosme Velho, 103
Rio de Janeiro — RJ — Cep: 22241-090
Tel.: (21) 2199-7824 — Fax: (21) 2199-7825
www.objetiva.com.br

Capa
Estúdio Insólito

Revisão
Lilia Zanetti
Rita Godoy
Lucas Bandeira de Melo

Editoração eletrônica
Abreu's System Ltda.

Todos os personagens deste livro são fictícios e não foram inspirados em pessoas reais.

CIP-BRASIL. CATALOGAÇÃO-NA-FONTE
SINDICATO NACIONAL DOS EDITORES DE LIVROS, RJ

S578c   Silva, Beto
            Cinco contra um / Beto Silva. – Rio de Janeiro: Objetiva,
         2011.

            236p.   ISBN 978-85-390-0134-7

            1. Humorismo brasileiro. I. Título.

10-4073.   CDD: 869.97
                                         CDU: 821.134.3(81)-7

Conheça mais sobre nossos livros e autores no site
www.objetiva.com.br
Disque-Objetiva: (21) 2233-1388

Este livro foi impresso na
LIS GRÁFICA E EDITORA LTDA.
Rua Felício Antônio Alves, 370 – Bonsucesso
CEP 07175-450 – Guarulhos – SP
Fone: (11) 3382-0777 – Fax: (11) 3382-0778
lisgrafica@lisgrafica.com.br – www.lisgrafica.com.br